はじめに　～妻が怖い夫、自己肯定感が低い妻

妻が怖いという男性が、着々と増えている。

先日は、そのうちの一人からお便りをいただいた。私のトリセツシリーズを何冊も熟読したのに、妻は怖いままである、と。

時を同じくして「既婚男性には人権がないのでしょうか」というメールもいただいた。――ネット上では「亭主デスノート」だの「夫捨てたい」だの言われたい放題。それでも、世の中には「妻の気持ちに寄り添え」「妻の機嫌を取れ」と言う本ばかりが溢れている。本来ならば、夫婦は、相互に歩み寄るものではないのでしょうか。なぜ、夫ばかりが割を食うのか教えてほしい、と、そのメールは続いていた。なんというか、心が血を流しているのが見えるようなメールだった。

二人が訴えたのは、「妻が共感してほしい」のはよくわかったが、その共感がつらすぎる、ということ。妻の機嫌を取るために、命をすり減らしている気分になる、というのだ。

女性脳の「共感してほしい」は反射神経。

男性脳の「正義（真実、事実）を述べたい」も反射神経。

脳は、反射神経でしてしまうことを止めるのが、最も強いストレスなのである。それが毎日で一生ならば、生きた心地がしないに違いない。

私は、既刊『妻のトリセツ』で、「共感すればいいだけだから、あまり深く考えずに、私の言った通りに共感してあげて」と書いたけれど、世の夫たちに、「妻の不機嫌」よりもさらに強いストレスを与えてしまったのかもしれない。

『妻のトリセツ』は、「妻をもの扱いした」とあらゆる方面からぼこぼこにされた。それでも一度も反省したことはなかったが、ここへきて、悩める夫たちのために胸を痛めることになった。

共感してもらえない妻も、共感を強制された夫も、どちらもかわいそうすぎる。トリセツの祖、黒川伊保子……さぁ、どうする？


そもそも。

私は、既刊『妻のトリセツ』で、たしかに妻の機嫌の取り方を指南したけれども、それは、妻たちのためじゃない。

夫に、「妻という生きもの」の特性を知って、身を守ってほしかったから。妻たちの飼いならし方を知ってほしかったのである。

この直前の数行は、妻である人たちに失礼のように感じられるかもしれないが、待って、ここで本を閉じないで。

私は、自分自身が「妻という生きもの」の一人として、この世の妻である人たちに溢れるほどの同士愛を感じつつ、この表現をあえてした。私は、「生きもの」という表現を、1ミリも悪い意味に使っていない。

私たちは、脳の母性にのっとって、一時期、美しい猛獣として生きる。まるで、白く輝く毛皮で、雪の頂を駆けあがるユキヒョウのように。私は、その女ざかりの日々を懐かしく、また、誇り高く思い出す。そして今、まさにその時を過ごしているわが家のおよめちゃんを眩しく愛おしい気持ちで見つめている。

彼女の憤りは、ときに過激に発露して、ドラマみたいに仲の良い息子夫婦にも、危機一髪に見える瞬間がある。私の母もそうだった。たぶん、私もそうだったのだと思う。

まぁでも、これが「夫婦」というライブの醍醐味。嵐の日と快晴の日があって、「夫婦」というドラマは紡《つむ》がれていくのだから。

ただ、私の実感から言うと、このユキヒョウ期の妻たちは、自分を子猫だと思っているのである。

傷ついて、どうにも苦しくて、愛する人に駄々をこねただけ。なのに、愛する人は受け止めてくれるどころか、逆ギレし、不機嫌になり、無口になっていく。ひどいときには、きみのような人とは一緒に暮らせない、とまで言い出す。どうゆうこと⁉ 幸せにするって言ったよね？ 私は愛されない妻なわけ？

そう、帰宅を怖がる夫たちの一方で、妻たちは、自己肯定感の低さに悩んでいる。自分が無価値に思えて、毎日の営みが虚しくなって、友たちと会う気力も失せて、「既婚ぼっち」になっていく。

私から見ると、夫の脳では「妻は猛獣」で、妻の脳では「自分は子猫」だというギャップが、夫が妻を敬遠してしまう原因を作っているように見える。そして、それがひいては、妻の自己肯定感の低さを作ってしまっているように。

夫たちには言いたい。真実、妻は子猫である、と。

そして、妻たちには言いたい。あなたは、事実、誇り高く美しい猛獣なんだと。

私は、あえて、男女の脳の動物的な本能の部分に触れる。妻を、子猫だの猛獣だのと呼んで、人権主義的には失礼な話だとわかっているけれど。なぜなら、そこに踏み込まないと、夫婦の真の安寧はないから。

私自身が、人生の大半を、自分自身の動物的な本能に翻弄されてきたのが、今になって、よくわかる。そして、その本能が見え隠れしているときの私が、一番女性として輝いていたのだろうことも。

50代60代の女友達が、それぞれことばは違えど、「50になるまで、なんであんなふうに、心を突き動かされたのかしらね。憤りにせよ、情愛にせよ」と言うようになった。私は「荒ぶる魂が、身体の中にあった」と表現するが、ある友人は「別の生きものが棲んでいた気がする」と微笑んだ。一人だけじゃない。成熟した女たちは、美味しいものを食べて、しみじみとそんな話をするのである。

とはいえ、この年齢に達しても、夫婦仲は安泰じゃない。

子育て期を過ぎて、十分に大人になると、「愛する人にわかってほしいのに、わかってもらえない」という憤りはなくなるが、人間同士として「どうなの。この人の言動」と互いに思うシーンがあって、これも争点になる。

わが家の夫は夕べ、1階から「パパ、SOS」と呼んだ私に、2階から「はぁ？　なんで、理由を言わないんだよ！」と怒鳴り返した。私は、その数秒前、寝かしつけた孫を今まさに布団に下ろそうとしたら、シーツをかけていないことに気づいたのだった。シーツをかけるためには、孫を下ろさないわけにはいかないし、孫を下ろす場所がないし……となって、彼を呼んだのだった。孫を起こさないように、「SOS」と言うのが精いっぱいだったので、黙っていたら、すごい勢いで降りてきて、「理由を言わないと、次から来ない」と言う。

それでいい、と、思うしかない。たぶん、私が1階で胸が苦しくなって彼を呼んだら、理由が言えなくて、一人で死ぬんだろうなと思った。まぁ、十中八九、私のほうが長生きするから、その心配もないけれど（微笑）。

その1時間前、はしゃぐ孫に合わせて一緒に騒いであげてたら、夫が「うるさいっ」と言う。「赤ちゃんなんだから、思いっきり騒ぐときがあってもよくない？」と言ったら、「違う

よ。ママの声がうるさくて我慢できないんだ」そうだ。

およめちゃんが、同じように高い声を出しても、好々爺《こうこうや》な顔をして見守っているのに。

たぶん、私は愛されていないんだなと、その晩、思った。愛というのが、「その人を守ってあげたい」「その人の存在を感じていたい」という気持ちだったら。

私が料理を作らず、片づけ物もせず、孫の面倒も見ず、私の入れる生活費をゼロにするときっと困るだろうから、私は、この家族を見捨てるわけにはいかないけれど、大切に思われていないのは知っている。

——という私の思いは、きっと、この世の夫や妻たちの多くが感じていることに違いない。

でもね、夫の脳になってみると、その晩の風景は、少し違って見えてくる。

夫は、私と孫をめちゃくちゃ大切に思っているので、1階に降りてすぐの私からの「SOS」にパニックになりかけたのかも。少なくとも、結論が気になりすぎて、腹が立ったのだろう。「パパ、シーツかけて」と言ってくれれば安心して降りていけるのに、「SOS」なんて思わせぶりなこと言わないで、心臓に悪いから、という意味で、先のセリフを言ったような気もする。

だったら、「心臓に悪いから、やめて」と言えばいいものを、「文句のかたち」でしか言えないのは、どうやら黒川家代々の話法である。

私は、「エスオーエス」が最も静かに言えるセリフだと思ったけど、「シーツ」だってかなり静かに言えるので、そう言ってあげればよかったな、と、後から思った。

私の声が気に障ったのも、それはいつもよりずっと高いはしゃぎ声で、ある意味、悲鳴に近い周波数だったから、彼の脳に警戒信号を走らせてしまったのに違いない。私は、やわらかなアルトでしゃべる人だと、彼の脳が思っているのなら。

となると、夫は、私のことが大切すぎて、脳が反応せずにはいられなかった、という見方が成り立つ。

じゃあ、私は愛されてるわけ？　――先ほど「愛されてないんだなぁ」と溜め息をついた後、研究者の習性で、夫の脳の出来事を分析してみて、私は思わず、そう声に出してしまった。

どっちの見方が正しいのだろうか。

おそらく、真実は、どっちも成立している。夫が「ＳＯＳにパニックになった」のも、そ

んな言い方をする私に腹が立ったのも。日ごろアルトでしゃべる私のスーパーソプラノが癇に障るのも、それが守ってあげたい者の悲鳴に近いからなのも。

それを、「愛されてない」とくるか、「愛されている」とくるか。そのセンスが、「夫婦仲」を決めてしまう。そして、妻の自己肯定感を決めてしまうのだと思う。

同じことが、きっと、あなたの家でも起こっている。

夫や妻の「イラつく脳」が思わず吐き出した事実を採るか、そのイラつきが起こった根本原因（愛）の真実を採るか。それが運命の分かれ道だ。


この本は、夫婦それぞれお互いに、吐き出すことばを少し変えて、受け止めるほうの解釈も少し変えて、夫婦で歩み寄るための一冊である。

『妻のトリセツ』を手に取って、「なぜ、男ばかりが割を食う」と憤った夫の皆さまにこそ、手に取ってもらいたい。自己肯定感がいまいち持てないと悩む妻の皆さまにも、手に取ってもらいたい。

そこそこうまくいっているお二人も、この本を読んでみたら、思っていたより、もっと愛し合っていることに、きっと気づくに違いない。

目次

第2章　「話が通じない」の正体

第3章　夫婦の対話道

第4章　男性脳の秘密／男は「おしゃべり」で命を削っている

第5章　女性脳の秘密／女の「そう言えば」が人類を救っている

第6章　夫の知らない家事の世界

第1章　「愛があれば乗り越えられる」のウソ

いい夫婦とは、どのような夫婦なのか。

いい家庭とは、どのような家庭なのか。

いい職場とは、どのような職場なのか。

私は、最近、これらの命題に答えを見つけた。この三つの命題の答えは、たった一つ。つまり、同じものだ。

それは、「心理的安全性」である。

心理的安全性こそが夫婦円満の鍵

心理的安全性。今、企業人事の現場で語られ始めているキーワードである。グーグルが4年にも及ぶ社内調査の結果、成果の出せるチームとそうでないチームの違いはただ一つ、心理的安全性が確保されているかどうかだ、と言い切った。

心理的安全性とは、思いついたことを言っても（たとえそれがくだらないことでも、あるいは今の流れに逆らうようなことでも）、受け入れてもらえるという安心感のこと。

自分の言ったことばが、おおむね、意図通りに相手に届く。相手からは、共感・ねぎら

い・賞賛・感謝のいずれかが、必ず返ってくる。たとえ、提案が通らなくても、発言した「気持ち」をわかってくれ、発言したという「行為」そのものは、ねぎらってくれることが約束されている――それが、コミュニケーションにおける心理的安全性である。

互いにそういう関係になれたら、夫婦は永遠である。

ところが、夫婦とは、この世のどんな人間関係よりもずっと、心理的安全性を確保しにくい組み合わせなのである。なんなら、嫁姑よりも、である。

だからこそ、テクニックが必要不可欠。というわけで、私のトリセツシリーズがあるわけですね。

「愛があるから乗り越えられる」という勘違い

なのに、「コミュニケーションはテクニック」と言うと、主に結婚7年以内の愛妻家の男性から、目くじらを立てられることがある。「僕はやっぱり愛だと思います、テクニックなんてこざかしいこと、僕は、愛する家族に使いたくない」と。

愛があれば、きっとわかり合える。愛があれば、必ず乗り越えられる。ドラマや小説や歌のテーマとして、よく語られる、このことばたち。本当なのだろうか？

——いやいや。

この世の夫婦の心のもつれは、愛が足りないから発生するわけじゃない。多くの場合、過剰だから発生するのである。愛があるからこそ、互いの期待が過剰になって、いつの間にかギクシャクする。このタイプの夫婦は、愛で乗り越えようとすると、かえって火に油を注ぐことになる。つまり、「愛しているなら、わかってくれるはず」という思いが、さらに二人を遠く隔ててしまうのである。

なぜだか、わかりますか？

脳は、「とっさに正反対の答えを出す」相手に発情するように作られているからだ。愛しているからこそAという答えの出る脳と、愛しているからこそBという答えを欲しがる脳が一緒に暮らしているのである。夫婦の答え合わせが、完璧であるわけがない。

男と女が組めば死角がない

感性真逆の相手とつがう理由は、そのほうが、合理的だからだ。

たとえば、たった二人で荒野を行くならば、とっさに見る場所が違う二人がペアを組んだ

ほうがいいに決まってる。同じ方角を見るセンサーが2個あったって、視野角は広がらないから。

ふと不安を感じたとき、「とっさに空間全体を広く見て、動くものに瞬時に照準を合わせる」癖のある人と、「身の回りを綿密に感じ取って、微かな気配さえも見逃さない」癖のある人がペアならば、死角がないでしょう？

そして、多くの男性の脳が「遠く、動くもの」派、多くの女性の脳が「近く、綿密」派なのである。

男女は、生殖をミッションとしたペアなので、大切な命を守り抜くためには、ほんの少しの隙も許されない。だから、あらかじめ男女の脳は「とっさに真逆の態勢を取って、互いに守り合う」ように仕組まれているのに違いない。

男と女が組めば鉄壁のペア

他にも、男女が「とっさに分け合う」機能がある。

何かトラブルが起こったとき、脳には、すばやく起動できる二つの脳神経回路がある。

「ことのいきさつを反芻《はんすう》して、根本原因に触れようとする」回路と、「今できることに意識を

集中して、すばやく動き出そうとする」回路だ。誰でも、意図的にはどちらの回路も使えるが、とっさにはどちらかしか使えない。

たとえば、幼子が、具合悪そうでご飯を食べない、そんなとき。

「そう言えば、夕べ、お風呂上がりにリンゴジュースあげたとき、嫌がってたっけ……あ、そう言えば、おととい保育園で手足口病が出たって聞いたよね。ん？ あれ⁉ 口開けてごらん。あ〜、やっぱり発疹が」と、根本原因にたどり着くのが、「ことのいきさつ」派だ。

感情のゆれに導かれるようにして、記憶の中へ根本原因に触れに行くのである。

一方、「熱は？」《測ってみる》「あ〜、微妙にあるなぁ。夜中に高熱になると厄介だから、病院に連れて行っとこうか。あの小児科、木曜の午後やってたっけ？」《診察券で確認》、のように、目の前の事実を1個つかんだら、さっさと動き出すのが「今できること」派。

前者は、根本原因を見分けて、適切な処置ができる。後者は、スピードが圧倒的。今まさに一刻の猶予もないときには、この方式で命が救われる。いずれも、「大切なものを守り抜くため」に欠かせないセンスである。

ただし、「意図的に使う能力」に男女差はない

女性は生来、「ことのいきさつ」の回路を優先している人が多い。ただし、この回路は、時と場合によって切り替わるので、女性であっても、目標達成型の職場では、「今できること」を優先している。女性管理職は、仕事の現場では、ほぼ100％「今できること」派だ。

一方、男性は圧倒的に「今できること」派。ただし、男性であっても、「人に寄り添う」あるいは「人の顔色を窺う」現場では、「ことのいきさつ」派になる。

意図的に使うときには男女の差はなく、したがって、職業能力においては、互いに遜色はない。

感性真逆の相手に惚れるという鉄則

もちろん、女性なのに「今できること」優先、男性なのに「ことのいきさつ」優先のタイプもいるが、おもしろいことに、「今できること」派の女性は、「ことのいきさつ」派の男性に惚れている（惚れ合う二人が同じタイプなのを、私は見たことがない）。

誰もが、自分と真逆の脳の使い手に惚れて、とっさに隙のない鉄壁のペアになろうとしている――脳を「電気回路装置」として見立て、人間関係を「脳という装置の連携システム」すなわちネットワークと捉える私の研究の立場からは、そう見えてならない。

まぁ、そうでもしないと、動物界最長の子育て期間を余儀なくされている人類は、生き残って来れなかったのに違いない。


そうそう、鎖骨の使い方も、男女で違う。鎖骨と肩甲骨をつなぐ関節には、腕を伸ばす機能（結果、腕が横に伸びる）と、腕を回す機能（結果、腕が縦に回る）があるが、女性は前者を優先して使い、男性は後者を優先して使うのである。

これは、レストランで、お皿やグラスを出してくれるスタッフの動きを観察しているとよくわかる。女性は、テーブルに対してやや横向きに立ち、腕を低めにすっと横に伸ばすようにしてグラスを置く人が多い。男性は、テーブルに正対して、まっすぐ前にグラスを差し出す人が多い。もちろん、意識すればどちらのしぐさもできるので、プロの給仕人はどちらも使い分けられるため、１００％じゃないけれど、見ていると傾向がわかる。

「横に伸ばす」優先だと、腕の動きが滑らかになり、「縦に回す」優先だと、瞬発力を利か

せやすい。おそらく、男女が何万年もやってきた役割（子どもを抱いたり、細かい作業をする／ものを投げたり、殴ったり、大きな道具を使う）に、それぞれの優先側が適しているのだろう。

とっさのしぐさが違うので、男女は、互いの動きを見誤ることがある。狭いキッチンに二人でいると、相手にぶつかって邪魔なのだ。二人で仲良く食事の支度をするつもりなら、シンクやレンジと背後の壁の間をゆったり取らなきゃダメ。

「夫は気が利かない」は、濡れ衣である

それと、男性から見ると、女性のしぐさは「滑らかで、腕をさほど上げずに、すすっとこなしてしまう」ので、「彼女が、今、何をしているか」を見逃すことが多い。だから、妻が黙ってやっている「名もなき家事」のほとんどを見逃しているのである。

妻たちの担っているタスクの3分の1も見ていないから、多くの夫たちが家事を甘く見るわけ。夫は「半分やってる」気になっていても、実際には6分の1程度なのも、そういう理由。

もちろん、妻よりも家事能力にたけている男性はいる。育った環境にもよるし。なので、

すべての夫がそうとは言わないが、多くの夫が、妻から見れば、「わかってない」「気が利かない」「なぜ、こんなところに、こんなもの置いて、私の仕事を増やすわけ⁉（怒）」という存在なのだ。「言わなくてもわかってほしい」なんて、夢のまた夢。

男と暮らす女性たちは、ここを腹に落とさないとね。

夫は、「やるべきことがわかっていて、あえて、やらない（思いやりがなく、怠惰で、気も利かない）」のではなく、家事の総体が見えていないということを。つまり、夫の心根を恨むのは間違い。夫を「使えない」と決めつけるのも不当なのである。

夫を家事に誘うコツはホウレンソウ

夫が、家事をなめている——そう感じたら、妻は、自分のしていることを「さりげなく知らせる」ことをおススメする。

私は、夫と二人で一日過ごす日には、彼に「これから自分のすること」を連絡している。朝ご飯のときに、「今日はね、連載原稿を2本書くんだけど、その合間にご飯作って、洗濯もするつもり。後、新聞をまとめるわ」のように。

そして、タスクが一つ終わるたびに、さりげなく報告もする。「洗濯終わったから、新聞

まとめるね。その前にコーヒー飲むけど、あなたは?」のように。ついでに「夕飯のために、お肉解凍しなきゃね」とかの段取りも、独り言のふりして、聞かせてあげる。

職場で上司にする報告・連絡・相談(ホウ・レン・ソウ)を、家でもしてあげるわけ。

ここまでしておくと、夫に「洗濯物取り込むから、新聞紙の紐、かけておいてくれない?」と頼んだとき、気持ちよく「いいよ」と言ってくれるし、自発的にそれをガレージに運んでくれたりもする。妻が、一日中、こまねずみのように動いているのが、わかるからだろう。

これが、何も言わずに、さっさと家事を片づけると、ちょっとした用事を頼んだときに、嫌そうに返事をして億劫そうに動く。妻が、そんなに家の用事をしているなんて、夢にも思わないからだ。多くの妻が、用事を頼んだときの夫の態度が嫌で、黙って自分で片づけてしまうのだけど、それじゃ、一生そのままである。

上司に、自分の成果を誇らしげに報告するかのように、明るく報告するのがコツ。お試しください。

夫婦は遺伝子レベルでもすれ違う

こんなふうに、男女は、脳の「とっさの優先側」が真逆に設定されているおかげで、鉄壁のペアでありながら、互いに「ひどい」と感じ合うようにできている。それだけでも十分厄介なのに、恋に落ちた二人は、一般の男女より、さらにいっそうすれ違っている。

動物の雌雄は、免疫抗体を作り出す遺伝子の型が一致しない相手に発情する。子孫の遺伝子のバリエーションを増やすためだ。免疫のタイプが違えば、外的刺激に対する生体の強さの種類が違う。その違いは、ちょっとした感性に表出する可能性がある。

エアコンの適正温度が一致しないと嘆く夫婦は多いけれど、それも、生き残るための遺伝子の戦略なのだろう。暑さに強い個体と、寒さに強い個体がつがえば、子孫に、どちらの遺伝子も混じることになる。将来、地球が温暖化しようが、寒冷化しようが、遺伝子を残せることになるからね。

愛があるからこそわかり合えない

男女は、何万年もそれぞれが果たしてきた役割にのっとって、脳神経回路の「とっさの優

先順位」が正反対に設定されている。そのうえ、発情し合う二人は、遺伝子の戦略にのっとって、感性真逆の二人なのである。

愛があるからこその、徹底した正反対。それを、互いに相手の心根の問題だと思い込み、恨んだり、うんざりしている。それが「夫婦」なのである。

それにしても、「愛があるからこそ、わかり合えない」なんて、そんな落とし穴、ある？ なんていじわるな落とし穴なんだろう。それに、そんな重要なことを、人類の長い歴史の中で、なぜ、誰も言ってくれなかったんだろう。

この世のすべての夫婦が、その穴に落ちる可能性があるのに。

その穴の存在を知るだけで、人生が格段に優しくなるのに。

子どもを持たないご夫婦に

ところで、夫婦の話をするとき、私は、夫婦の脳を「生殖がミッションのペア」として扱い、子育ての話をよくするが、私は「夫婦は子どもを持つべき」だなんて微塵も思っていないので、それを、ここで宣言しておく。

生殖本能は、生まれつきあらゆる動物の脳に備わっているもので、人間の場合、それが

日々の何気ない言動にも作用している。子を持つと持たざるとにかかわらず。

特に、恋をして一緒になり、共に暮らす夫婦の場合、脳は生殖を想定して動く局面が多いので、「生殖がミッションの二人」と定義したに過ぎない。社会的なミッションとして、夫婦に、その義務があるという意味じゃない。


私の研究は、ヒトの脳を「電気回路装置」として見立て、人間関係をその装置の「連携システム」と捉えている。人類を「脳のネットワークシステム」と見立てると、おもしろいことがわかる。すべての個体が子どもを持つより、一部の個体が子どもを持たないほうが、人類全体は活性化するのである。

子育てのために、親は一時期、人生資源を子どもに集約せざるをえない。それをしない個体が、人生資源を安定して社会のために使いつくしたり、自分のために使い倒したりすることで、社会が支えられ、経済が活性化する。

考えてみれば、ハチやアリは、この方式を大胆に採用しているわけで（生殖に関わるのは女王と、いくばくかのオスだけ）、同じように社会的動物である人類にも、「子どもを持たない個体」が無意味であるわけがない。

子どもを産まないまま成熟していく女性脳は、その母性を、社会や周囲に向けて照射する。弱き者の守り手になり、組織の大事な要になることが多い。あらゆる宗教が「子どもを産まない女性」を担保しているのは（尼、巫女、斎王、シスター）、けっして偶然じゃない。

私は子どもを産んで育てたけど（そして、そのことは輝かしい体験だったけど）、職業人として、子どもを持たない女友達にどれだけ支えられたかわからない。

「女は子どもを持つものだ」と考える人がまだまだ多い世の中で、「子どもを持たないで生きる女」には、ある種の覚悟がいる。それが望んだことであったにせよ、「結果、仕方なく」だったにせよ。

私は、その覚悟を尊重したいし、祝福したい。だから、私の脳論が、その選択をした女性たちを傷つけてほしくないのである。

この本では、夫婦の脳のバランスを語るとき、どうしても生殖本能について触れるけど、それを許してほしい。

夫婦の答え合わせ

そろそろ、この章をまとめよう。

「愛があるからこそ、わかり合えない」という真実を腹に落としてもらえただろうか。夫婦関係を語るには、まずは、そこから始めないと。

結婚なんていう、めんどくさい手続きを乗り越えた二人に、愛は、きっと必ずある。二人がギクシャクして愛の迷子になったとき、探すべきは「愛」じゃなく、「答えを合わせるテクニック」。それに尽きる。

その答え合わせだけど、妻の謎と、夫の謎は、性質が違う。

妻のセリフは、クイズのようなもの。

夫であるあなたの答えは（私の『妻のトリセツ』をマスターしていなければ）、たぶん60点に満たないはず。

「お義母さんに、こんなこと言われちゃった」という妻に、「おふくろにも悪気はないんだよ、気にしなくていい。きみも、こうすればよかったんだよ」なんて言ってませんか？けっこうやるじゃんオレ、公平で親切な対応だぜ……なんてタカをくくっていたら、大間違い。たいていの妻は、ここで夫を見限る。自分の味方じゃなかったと知るのである。

夫のセリフは、クロスワードパズル。

たいていはことばが足りないので、妻が補完するわけだけど、実は、その補完がたいていい、間違っている。

「おかず、これだけ?」って、単なるスペック確認だって知ってました? 「このシャケ一切れで、ご飯2杯食べればいいんだよね? 後から肉が出てくるなんてことないよね?」という確認。けっして、「一日家にいて、たったこれだけかよ」という意味じゃないのである。

自分はいいセン行ってる、と思っている方も、一度、答え合わせをしてみたほうがいい。

というわけで、妻のクイズ、夫のクロスワードパズルの正解を教えてあげる。

それでは、これより「夫婦の答え合わせ」、とくと、ご覧ください。

第2章　「話が通じない」の正体

夫婦の対話が、なぜすれ違うのか。
この章では、「話が通じない」の正体を明かそう。

この世の対話方式には2種類ある

たとえば、「いろいろあって、もう、やってられない。今日は早く帰る」、そんなとき。心を癒されたい人と、身体を休めたい人がいる。

もちろん、どちらも得たいわけだけど、脳には優先順位があって、人それぞれ違うのだ。その優先順位によって、対話方式が違う。心を優先する人は「共感型」、身体を優先する人は「問題解決型」という対話方式を使う。それぞれに以下のようになる。

① 共感型同士の優しい対話

共感型A「あんなことがあって」
共感型B「あ〜、それ、ムカつくよねぇ」
共感型A「こんなこともあって」

共感型Ｂ「うわ、そんなことまで……めげたでしょ」
共感型Ａ「ひどいと思わない？」
共感型Ｂ「わかる。なにもかもうまく行かない日って、あるんだよね。今日は早く帰って、寝なよ」
共感型Ａ「うん。ありがとう」

② 問題解決型同士のツーカーな対話

問題解決型Ａ「今日は帰るね。明日、早出で挽回するわ」
問題解決型Ｂ「了解。私は、これをやり終えてから帰るね」
問題解決型Ａ「何かあったら電話して。9時までなら出られるはず」
問題解決型Ｂ「大丈夫、この工程に疑問はない。けど、9時までに、こっちの進捗メールしとく」
問題解決型Ａ「サンキュー。お先！」

どちらも、いい会話でしょう？

話し始めた人が、気持ちよく帰っていくのが見えるようだ。

共感型対話の特徴は、「ことのいきさつを語る」「気持ちを話す」、問題解決型のそれは、「結論を言う」「やるべきことを話す」である。

お気づきだろうか。前章で、脳には、「ことのいきさつを反芻する」回路と、「今できることに集中する」回路があるという話をしたが、前者が共感型の、後者が問題解決型の対話を展開するのである。

共感型は、ことのいきさつを語って、心を癒されてから帰りたい。そうしないと、悶々として、眠れないからだ。

問題解決型は、さっさと帰って眠りたい。ついては、周囲へのリスクを最小限にしたい。そうしないと、明日、たいへんだから。


ちなみに、共感型は、愚痴を言っているわけではない。「帰りたい」という気持ちを、相手に納得してもらうために、状況を説明しているのである。できるならば、自分が「帰る」という決定を、相手に委ねたい。自分の気持ちもさることながら、相手の気持ちを大切にしているからこそその、この話法なのだ。

だから、相手にリーダーシップを委ねる人が、この話法になりやすい。昭和的な夫婦関係ならば妻が、職場の上下関係なら部下が、親子だと子が（子に面倒見てもらうようになると逆転するわけだけど）、こういう言い方になりやすいわけ。

問題解決型は、気持ちより成果。どうしたら、リスクを最小限にして、成果を出せるかを優先して考えている。そして、相手も同じ思いだと、信じているのである。相手を信頼していないと、こんなしゃべり方はできない。

共感型は恨み、問題解決型はうんざりする

共感型と問題解決型の対話は、どちらも、相手思いの秀逸な話法なのだが、安易に混ぜると危険なのだ。見事にすれ違ってしまう。

③すれ違いトーク

◆共感型に、問題解決型で返す

共感型　　「あんなことがあって」
問題解決型「あなたもＮＯって言えばよかったのよ」

共感型　　　「こんなこともあって」
問題解決型「言ってくれれば、手伝ってあげたのに」
共感型　　　「ひどいと思わない？」
問題解決型「愚痴を言っても、仕事は終わらないよ。さっさとやろう」
共感型　　　「……（帰るって言えなかった）（泣）」

◆問題解決型に、共感型で返す

問題解決型「今日は帰るね。明日、早出で挽回するわ」
共感型　　　「わかるわぁ。こんなこと、やってられないよね」
問題解決型「……」
共感型　　　「あんなこともあったし、こんなこともあったし。私もさぁ」
問題解決型「悪いけど、お先」
共感型　　　「あ、うん……気をつけてね（私、あの人に、嫌われてる？）」

二人とも、それぞれの脳のミッションを誠実にこなしている。

問題解決型は、問題を解決すべく次々にアドバイスして、励まして仕事を手伝おうとしてあげているのに、共感型に恨まれる。共感型は「親切で」相手の話を聞いてやろうとしているのである。自分が今日心にひっかかっている出来事を洗いざらいしゃべらないと眠れないから、相手もそうしやすいように水を向けているのだ。それなのに問題解決型に「早く帰りたいのに、延々と愚痴を言ってくるなんて勘弁してよ」とうんざりされてしまう。どちらも、最善のコミュニケーションだと信じて、始めた会話なのだ。

なのに、共感型は問題解決型を「わかってくれない」「話を聞いてくれない」「頭ごなしに聞く耳持たない、ひどい人」と思い込む。

問題解決型は共感型を「文句ばっかり」「自分のことばっかり」「全体が見えない、愚かな人」と思い込む。

なんて、悲しい誤解なんだろう。

さて、勘のいい方は、もうお気づきのはず。

この世の夫婦の会話の多くが、この「混ぜるな、危険！」の「すれ違いトーク」になっているのである。

たいていの場合、妻が共感型、夫が問題解決型の対話形式を使うのだが、時と場合によって、逆転することもある。

二つの対話方式をうまく使い分けよう

この三つのパターンの対話例を読んで、「いやいや、仕事の現場では、問題解決型しかありえないだろうよ」と思った方。男性にも女性にもいると思うけど、それ、けっこう落とし穴なのである。

たしかに、「ミッションが決まっているタスク」ではとても効率がいいのだけど、この話法に偏っている職場では、発想が乏しくなりがち。

共感型対話を展開するとき、脳は、「感じたこと」を顕在意識に上げる脳神経回路を活性化している。つまり、気づきが起こりやすい状態なのだ。逆に言えば、共感型対話が封じられると、発想が乏しくなってしまう。

このため、新サービス、新商品の企画会議で、なかなか直感が働かなくて、苦しい思いをすることになる。また、危機回避力が低下するので、ヒューマンエラーが致命的になる職場では、効率至上主義はかえって危ない。たとえ効率重視の職場であっても、共感型対話を使

うべき局面があるというわけ。

職場のタスクチームであっても、2～3割共感型対話の導入が望ましい。家庭の中においては、7～8割共感型であってもいいと思う。

共感型対話がうまく着地すると、心が通じた感じがする。問題解決型対話がうまく着地すると、ツーカーになった感じがする。その二つの感覚を、チームメイトとも家族とも分かち合いたいものである。

そして、夫婦は家族であり、チームメイトなのだもの。共に二つの対話方式をうまく使い合って、心の通じる、ツーカーの仲になってほしい。

対話の極意

となると、どんなときに、どっちでどうしゃべったらいいのだろう？　そんなふうに迷う方のために、対話の極意を伝授しよう。

対話の極意は、たった一つ。「自分の話は結論から言い、相手の話は共感で受ける」。ただそれだけだ。つまり、自分の話は問題解決型で、他人の話は共感型で進めるってこと。

たとえ、問題解決型の人であっても、「わかるわ、たしかに」と受け止めてもらっても悪い気はしない。共感型の人であっても他人の話は短いほうがありがたい。

ただし、この場合の〝共感受け〟は簡潔に済ます。先ほどのすれ違いトーク事例であげたような、真正共感型の長々とした話には持ち込まない。

実のところ、人間には、逆の傾向がある。すなわち、自分の話は共感型でし、相手の話は問題解決型で聞く。特に歳を重ねてくると、人の話は「で？」「なんの話？」と先を急がせ、「それって、○○ってことだよね」と決めつけてくる。なのに、自分の話は、延々と止まらない（苦笑）。

多くの人が逆をしてしまうからこそ、この極意をマスターしている人は、とても秀でて見える。この話法をマスターして損はない。

先ほどの例で言えば、対話の達人は、次のような対話をする。

④ 達人同士のハイブリッドトーク

対話の達人A「今日は帰るね。明日、早出で挽回するわ」
対話の達人B「いろいろあったものね、ゆっくり休んで。今夜中にこっちの進捗メールし

対話の達人A「ありがとう。あなたも夕飯は、ちゃんと食べてよ。お先に」

　　　　　とくね」

対話の達人は、結論から言うが、相手へのねぎらいを残して帰る。

この世のすべての人が、達人トークをしたら、コミュニケーションのイライラもややもやって、存在しなくなるのでは？

達人トークは、他人のためだけじゃない。自身の評判もかなり上がる。結論から簡潔に述べれば、「頭がいいわ。できる人」と言われ、ライトな共感で返せば、「余裕があって、大人」と言われる。ぜひ、お試しあれ。

「心残り」の術

なお、自分が問題解決型で切り出したときに、「話を聞いてもらいたい真正共感型」につかまったときは、同じ共感でも、「わかるわ」「そうよね」と受けずに（こう受けると話が長くなる）、「あなたも」と「大丈夫？」を使う。

対話の達人「今日は帰るね。明日、早出で挽回するわ」
共感型「わかるわぁ。こんなこと、やってられないよね」
対話の達人「あなたも早く帰らない？」（と言いつつ席を立つ）
共感型「私はまだ……」
対話の達人「大丈夫？」（と言いつつ歩き出す）
共感型「うん、まぁ、私はまだ頑張れる。ゆっくり休んで」
対話の達人「ありがとう。また明日」（と手を振る）

万が一、「大丈夫じゃない」「ダメかも」が帰ってきたら、「あなたも早く帰らなきゃダメよ。また、明日一緒に頑張ろうよ」で締めればいい。

「大丈夫？」の代わりに、「手伝ってあげられなくてごめん」「話を聞いてあげられなくてごめん」という手もある。要は、心残り（話を聞いてあげたいのに、聞いてあげられない思い）を知らせればいいのだ。

ことばをケチらないで

「大丈夫？」「手伝ってあげられなくてごめん」「話を聞いてあげられなくてごめん」「一緒にいられなくてごめん」「気がつかなくてごめん」は、夫婦の間では、たくさんたくさん使ってほしい。

夫が妻に、妻も夫に。そして、親は子どもたちに。

本当はもっともっとしてあげたい――そんな気持ちをことばにしてくれるだけで、実際にしてもらった時より、なぜか嬉しいのが女心（正確には共感型心）なのである。脳が、成果より気持ちにスポットライトを当てているからだ。

成果にスポットライトを当てている問題解決型の人は、「実際にできないのに、口だけなんて、言わないほうがマシ」と思っているきらいがあるが、そんなことはない。女性脳（共感型脳）は、もらったことばを何度も反芻して、飴玉のように楽しむ癖がある。ことばは誠意、成果をあげられるかどうかは時の運――それが共感型脳のセンス。愛するひとのことばだけで十分なのに、どうして、ことばをケチるの？

妻の話を聞いてあげれば、家事が片づく

ちなみに、相手が共感型で始めた話は、真正共感型のまとまらない話でも、できれば共感

（わかる、そうなんだね）で受けたほうがいい。なぜなら共感型の話は、共感で受けてしまったほうが早く終わるからである。

共感型の話のゴールは、「ことのいきさつ」を聞いてもらってスッキリすること。共感してもらえば、するすると話が終わるので、結局早い。

いきなりアドバイスなんかあげちゃうと、「話を遮られたうえに、批判された」と感じて、ストレスが倍増する。そのストレスを発散するために、さらに話す必要が生じるから、話は永遠に終わらないのだ。ドラえもんのバイバインのようなもの（わかった人だけ笑ってください）。

それと、もっと重要なこと。共感型の対話でしかたどり着けない「気づき」がある。逆に言えば、脳は、その気づきを得るために、共感型の対話を始めるのである。そして、その気づきは、家族の命を守ったり、家事を3倍速で片づけるのに役立っている。共感型の話は、けっして無駄話なんかじゃないのである。

というわけで、妻の話を聞いてあげれば、家事が片づき、子どもが健やかに育ち、夫にも優しくなる。そのための「魔法の呪文」が共感だとわかれば、「共感するのが耐えられな

い」という気持ちも、少しは和らぐのでは？

とはいえ、共感型の話を短くする方法（短くても満足してもらえる方法）もある。これは「夫婦の対話道」の章で述べるので、お楽しみに。

対話4様

まとめよう。この世には、次のような、つごう4種類の対話が存在する。先に述べた対話事例①から④のタイトルを並べるとこんな感じ。

① 共感型同士の優しい対話
② 問題解決型同士のツーカーな対話
③ 片方が共感型、もう片方が問題解決型でしかしゃべらない「すれ違いトーク」
④ 達人同士のハイブリッドトーク

相手が、共感型で話し始めたとき（気持ちか、ことのいきさつを口にしたとき）は、①を展開する。この点においては、多くの夫たちにテクニックを学んでもらう必要がある。後に

詳しく述べる。

相手が、問題解決型で話し始めたとき（結論を言ったとき）、相手が急いでいるときは、②のように問題解決型で受けるが、そうでなければ、相手を思いやる共感型で受けてもいい。

特に、ネガティブな報告を受けたときの共感返しは、相手の心に効く。ストレスを緩和し、モチベーションをあげたりする。たとえば上司に、自分のミスを報告したとき、「あ〜その失敗、私が若いときにもしたよ。悔しいよな」と受けてくれたら、気持ちが楽になるでしょう？

失敗した相手には「私も○○すればよかったね」が効く

「あ〜、割引券、忘れた〜」と嘆く夫に、妻が「うわ、それ悔しいね。私も、気づいてあげればよかった」と言ってあげたら、夫は、どんなに気が楽になるかわからない。「だから言ったじゃない。あなたって、いっつもそうなんだから」じゃなくてね。ちなみに、「だから言ったじゃないの」は、ある雑誌のアンケートで、夫が妻にムカつくワードのナンバー１だったことがある。

もちろん、これは、お互い様。夫（問題解決型）は、妻の失敗に、「なんで、○○するのかなぁ」なんて、問題点の洗い出しを試みる癖があって、これも言われた側がカチンとくること間違いなしだからだ。

失敗してショックを受けているときに責めたって、脳は何も受け入れない。ストレス信号が強いときには、新たな情報入力が遮断されるからだ。なんの利益にもならず、ただ、相手をムカつかせるだけなら、言わないほうがマシなのでは？

失敗した相手には、共感に加えて、「僕も、○○すればよかったね」「私も、気づいてあげればよかった」というセリフが効く。たとえ、相手が100％悪くても、自分にも何かしてあげられることがあったはず……。そんなセリフが、二人の絆を強くする。

とはいえ、残念ながら、この展開で、「そうだ、お前が悪いんだ」「そうよ、あなたが悪いのよ」と図に乗ってくるパートナーがゼロとは言えない。かわいそうに、生まれてこの方、家族がいたわりあうシーンを見たことがないのだろう。

腹が立つだろうが、根気よく先のような対応を繰り返してみて。そのうち図に乗らなくなる人もいる。夫婦生活は長いので、試してみる価値はある。

混ぜるな、危険！

ここで、あらためて腹に落としてもらいたいのは、脳のとっさの「対話方式」選択には、2種類あるってこと。いずれの対話方式も、素晴らしい結果をもたらすのだが、安易に混ざったときには悲劇を生む。

私は、洗剤に似てるなと思う。塩素系漂白剤も酸性タイプの洗剤も、それぞれに利点があって、使い分けると素晴らしい成果が出せる。だが、混ぜてしまうと、濃度によっては、死に至る毒になる。

結婚は、塩素系漂白剤と酸性タイプの洗剤をすぐ隣に置くようなもの。「混ぜたら危険！」の認識なしに、のほほんと暮らすには、危険すぎる。一刻も早く、すべてのカップルに、この真実を伝えたい。

実は意外に効率的な共感型対話

さて、共感型と問題解決型のすれ違いは、「対話の目的」以外にもある。同じ目的に向かっているときでも、辿るルートが違うのだ。

対話事例を眺めていると、共感型対話はやっぱり効率は悪いよね（心に優しいのはわかるけど）と思われがちだが、それがそうでもないのだ。

共感型同士は、暗黙の了解で話をジャンプさせることができるから、案外、話が早いときもあるのである。次の二つの対話事例を見てほしい。

共感型上司と部下との例である。ここでは、職場の事例のほうがわかりやすいので、あえて。

◆共感型上司×問題解決型部下

上司「来週の進捗会議、先方の新しい統括部長が挨拶するって」

部下「どんな人なんですか」

上司「そう言えば、うちのチームに○○大出身いたっけ？」

部下「え。なんで今、その話？」（質問にちゃんと答えない！　イラッ）

上司「新統括部長が、○○大出身だからに決まってるでしょ」（ほんと、この子、使えない。イラッ）

◆**共感型上司×共感型部下**

上司「来週の進捗会議、先方の新しい統括部長が挨拶するって」
部下「どんな人なんですか」
上司「そう言えば、うちのチームに○○大出身いたっけ？」
部下「あ〜、○○大出身なんですね。△△さんがそうですよ。あそこ、同窓生の結束堅いですものね」
上司「そうなのよ〜」（この子、使える）

共感型同士だと、相手の「そう言えば」の意図がほぼほぼわかるので、暗黙の了解が成立して、話がジャンプできる。
一方、問題解決型は、ゴールを設定したら、脳が全力でゴールを目指す。「どんな人？」と聞いたら、相手は「こういう人」と答えると思い込み、構文が違っただけで、脳内の対話文脈が崩壊するのである。

だから、廊下に置いてある段ボール箱を指さして、夫が「これ何？」と聞いたとき、妻が

「それがさぁ、隣の○○さんが引っ越しでさぁ」なんて答えたりすると、夫は「この人、話がとっ散らかっていて、ちょっと愚かだ」と思いがち。

妻のほうは、そんなふうに話し出せば、夫が「ああ、何かもらったの？」とか「何か預かったの？」のように気を利かして、話を先に進めてくれると思ったのに、夫が怪訝《けげん》な顔をするばかりなので、ちょっとイラッとする。

ましてや、「で？」とか「これが何か聞いてるんだけど」とか、尖った声で話を遮《さえぎ》られると、「ほんと、この人、人の話がわからない人だわ」と溜め息が出る。

この2派、対話においては、互いに相手が「この人、バカかも」「この人、使えない」と思い合う関係なのだ。

女はなぜ、質問にちゃんと答えないのか？

私は、男性から、「女性はなぜ、質問にちゃんと答えないのでしょう？」と質問されることがある。

夫「今年、お母さんの七回忌だね。いつにしようか」

妻「そう言えば、お父さんの七回忌のとき、○○のおばさまが、茶碗蒸しが冷めてたって言ってたでしょ。あそこの仕出し料理、使えないよねぇ」
夫「5月の2週目はどう？」
妻「あ、そう言えば、喪服入るかなぁ。最近太ったし」

こういうふうに書けば、たしかに妻は質問をないがしろにしているように見える。しかし、実は2歩も3歩も先に行っているのだ。
妻にも意図があるのである。話が飛ぶように見える共感型も、テーマに無関係なことは言い出さない。この二つの「そう言えば」は、いずれも、彼女の脳内では、時期を決定するための重要なファクターなのである。妻は、次のような展開を目論《もくろ》んでいたはずだ。

夫「今年、お母さんの七回忌だね。いつにしようか」
妻「そう言えば、お父さんの七回忌のとき、○○のおばさまが、茶碗蒸しが冷めてたって言ってたでしょ。あそこの仕出し料理、使えないよねぇ」
夫「そうだったなぁ。新しいお店を見つける？」

妻「となると、日程がその店の空き状況にも左右されるから、まずお店を検索しない？」
妻「そう言えば、喪服入るかなぁ。最近太ったし」
夫「そうかなぁ」
妻「夏の喪服なら余裕があるから、5月の末か6月がいいな」

「いつ？」と聞いたら、日付が返ってくると信じて、数字の認知モードに入っている夫の脳は、それ以外の答えを繰り出す妻に戸惑い、2歩も3歩も先に行っている妻は、話について来れない夫にイラつく。

これが度重なれば、夫が妻を「とっ散らかってる。論理的じゃない」と思い込み、妻が夫を「頭の回転が悪い朴念仁」と思い込む。もちろん、どちらも濡れ衣である。

対話方式が違うって、かくも恐ろしいことなのである。

女の対話力はスパイダーマン並み

この件に関しては、妻の側が譲歩する必要がある。

夫は、話のジャンプについて来れないので、一歩一歩、共に歩む必要があるからだ。男性

脳から見れば、女性脳の対話力は、スパイダーマン並み。頭上を軽やかに飛び越えて、あっちへ行ったりこっちに来たりするので、到底ついてこれやしない。

もしも、夫が何か質問をしてきたら、妻は、とりあえず、その質問にまっすぐ答えてあげてほしい。

たとえば、廊下の段ボールを指さして、夫が「これ何?」と聞いてきたら、「ああ、PTAバザーの売り物」と最初に応える。その後で、「隣の○○さんが引っ越しでさぁ、いろいろもらったのよ。次のPTAまで、少しの間、置いとくけど、我慢してね」と付け加えたら最高。

というのも、夫は、「これ何?」の後にほぼ確実に「いつまで置いておくの?」と聞いてくるからね。

答えがなくても、質問自体を受け止めてあげてほしい。「いつ?」と聞かれたら、「いつ」に答えよう。その場で決められなかったら、せめて「そうねぇ、いつにしようか」くらいは言ってあげて。

夫の側は、妻の話が飛んでも、そう気にせずに、テキトーについてきてもらえないだろうか。けっこう、ちゃんと着地するので。

男の対話方式も捨てたもんじゃない

コミュニケーションという観点だと、「優しく包み込むような共感型」「話題のジャンプに柔軟について来れる共感型」に対して、「いきなり結論を突きつける問題解決型」「紋切り型の問題解決型」は、どうにも分が悪いように感じられるが、もちろん、ちゃんと長所がある。

そもそも問題解決型は、目の前の危機から、命を守るための対話方式である。命の危険が差し迫っているときには、共感型だって、問題解決型の口を利く。

たとえば、壊れた橋を渡ろうとしている人がいたら、誰だって「その橋、渡っちゃダメ！」と叫ぶでしょう？　渡ろうとした人が悪いわけじゃないのに、その人は、いきなり尖った警告を食らうことになる。「わかるわ〜、その橋渡ったら、郵便局、近いもんね。でもね」なんて共感してあげる暇はないからね。

夫の「いきなりのダメ出し」は愛の証

問題があるとしたら、夫たちは、命の危険が差し迫っていないのに、いつでも問題解決型

の口を利くってこと。逆に言えば、夫たちの脳は、常に、大切な妻の命を守るつもりでいるってことだ。

もしも、妻の頭上の天井が崩れてきたら、夫たちは、迷うことなく、妻を救おうとするだろう（腕を引くか、覆いかぶさるか）。その同じ感覚で、妻が「今日起こった悲しい出来事」を話したとき、とっさに「きみもさぁ、嫌なら嫌って言えばいいのに」と言うのである。その災難から、いち早く、立ち退いてもらうために、〝愛する人の腕を引いた〟のである。

そう考えれば、夫たちの「共感してくれない」「いきなり、私の問題点を突いてくる」が、かわいく思えてこないだろうか。

たいていの妻がこういうとき、「あ〜、どうせ、私が悪いのよね。あなたと話すと、結局、私が悪いことになるんだわ」と泣きたくなるのだが、実は、愛の証だったのだ（！）。

実際、男性たちは、その辺のどうでもいい女性との会話なら、「そりゃ、たいへんだったね」なんて、テキトーに聞き流せるのである。ほんとよ。彼女の命に責任がないから、目くじら立てて「こうしなきゃ」なんて言う必要がない。脳は無駄なことをしない装置だから。

なのに、女性たちときたら、この無責任男のほうが「わかってくれる優しい人」と感じた

りするから、この世の男女の縁は、こじれていくのである。もちろん、愛するひとのために、優しいことばをあえて紡いでいる洗練された男性たちは、この限りではない。

アドバイスは共感の後に

夫たちに、伏してお願いしたいのは、アドバイスは、共感やねぎらいの後にしてほしいってこと。

「いきなりのダメ出し」「いきなりの問題解決」「いきなりの欠点の指摘」「いきなりのアドバイス」が、女性たちの胸にどれだけ冷たく突き刺さるか、それは、男たちの想像をはるかに超える。

大人の女性が身に付けるべき最大の処世術

そして、妻たちにも、言っておきたい。夫の「いきなりのダメ出し」に傷つかないで。それは、「その橋、渡っちゃダメっ」という叫びと一緒。あなたを救いたい一心、すなわち妻の命に対する責任感なのだから。

男の「わかってくれない」を気にしない。これは、大人の女性が身に付けるべき最大の処

世術と言ってもいいと思う。

女たちが戦士になるとき

さて。

ここまでの展開に、「いきなりのダメ出し」は妻のほうだよ、と思った夫たちも多いはず。

そう、実は、妻たちも、知らず知らずに問題解決型にスイッチングするのである。先ほども言ったように、命を守る現場では。

その最たる現場は、赤ちゃんを産んだとき。赤ちゃんが家にやってくると、家は24時間365日、命を守る現場になる。このため、妻たちの脳は、赤ちゃんに向かうとき以外は、強く問題解決型になって、特に夫に炸裂する。時には、上の子にも炸裂する。

新婚時代は、
妻「たっくん、それとって〜」
夫「これ？」
妻「ううん」

夫「あれ？」
妻「そうそう、それ」
夫「はい」
妻「ありがとう、ちゅ」
なんてやっていた妻が、
妻「それ」
夫「え、どれ？」
妻「はぁ？　（なんでわかんないの！（怒））」
みたいになるのである。

結果を急ぎすぎて、ひたすら腹が立つ。だって、妻は今まさに、命がけの現場に立っているのだから。戦場の戦士みたいに。
私は、赤ちゃんだった息子に添い寝していたとき、彼の寝息がほんの少し乱れただけで、即座に目が覚め、瞬時に布団の上に立膝になったことがある。徒競走のスタートラインにしゃがんだときのような姿勢で。「こりゃ、戦場のキャンプにいる戦士だな」と自分で思っ

た。そりゃ、脳が問題解決型に強くシフトしていても、まったくおかしくはない。

夫が嫌になる本当の理由

そして、夫がダメに見える、もう一つの理由。

母たちの脳は、赤ちゃんに意識が集中しているので、五感の感度が上がって繊細になっている。その繊細な感度で赤ちゃんのすべすべの肌を一日中見ていれば、夕方帰ってきた夫の顔の毛穴が目立って、脂ぎっていて気持ち悪いと感じてしまうし、赤ちゃんとオルゴールを聞きながら一日を過ごした後には、夫の声や足音、扉を閉める音の大きさにびっくりしてしまう。

自分の脳が勝手に切り替わっていることを知らないと、急に夫が汚く、がさつな生きものに変わったように感じてしまうはず。夫に嫌悪感を覚えて、つい、SNSに「デスノート」「捨てたい」なんて不穏なセリフを書き込んでしまう妻がいても、不思議じゃない。

愛を叩き潰すカッコ悪い女

子育て真っ最中の妻の皆さん（子育てが終わっても夫への嫌悪感が抜けないあなたも）、

その嫌悪感は、ほぼ100%、あなたの脳が変化した結果、感じているものだ。かつては、その顔に惚れ、冷蔵庫の閉め方を男らしいと感じていたはずだ。思い出せないかもしれないけど。

だから、産後のうっぷんを、あまり大げさに言いたてないほうがいい。その真実を知っている人から見ると、カッコ悪い女に見えるから。

また、夫にあまり激しく当たると、愛を壊してしまうので要注意。

たとえ、新婚時代と同じセリフを吐いたとしても、新婚時代には「甘えて、駄々をこねている」ように見えたものが、「女神の雷《いかずち》」のように聞こえてしまう。

というのも、人間としての迫力が伴うからだ。出産という修羅場を抜けてきた女性には、独特の「腹が据わった」感がある。

私は、人生で一度だけ、出産の朝に「どのような痛さも怖い思いも、死さえも厭わない」という感覚を味わった。腹の底から、自然に湧き上がってきた勇気だった。その後も、わが子に害を及ぼすものがいたら、戦う覚悟満々である。今でも（彼が180センチ超えの格闘家のような体型になった今でも）（微笑）。

「怖がったり、怯えたりする脳」が「許せない」と言うのと、「腹の据わった脳」が「許せない」と言うのでは、迫力が違う。たとえ、本人が、恋人時代と同じ気持ちで、甘えて、それを口にしたとしても。

というわけで、私たちは、あの修羅場を越えたとき、美しき猛獣になったのである、脳のうちの、少なくとも一部は。

だから、ドアをノックしているつもりが、家を壊している、なんてことになりかねないので、言動にご注意ください。

武士の情け

夫たちは、そんな妻たちをして「天使が悪魔に変わった」と嘆く。たしかにそうなのだが、ここは、武士の情け、しばらくは見逃してほしい。

妻たちは、産後の疲れた身体で、24時間、命の現場に身を置いているのである。その脳は、子どもの気配の変化を見逃さず、何かあれば瞬時に「雪の頂を駆けあがるユキヒョウ」のような美しい戦士なのだから。

妻たちは、子どもを産んだ後、ことさら夫に厳しくなっていることを（時には、そのまま

一生続く場合も多いことを)、どうか自覚してあげてほしい。

夫には、思ったよりも優しくして、やっと「普通」なのかもしれない。カッとして、最初に言おうとしたことばを、1回分だけ呑み込むくらいのマナーはあってもいいような気がする。

「そのスカート、いつ買ったの?」問題

3年のときを隔てて、別々の男性から、同じ話を聞いた。

——先日、家に帰ったら妻が見慣れないスカートをはいていたので、「そのスカート、いつ買ったの?」と聞いたら、妻が不機嫌な声で「安かったから」と答えた。「女はなぜ、質問にちゃんと答えないのでしょう?」と3年前の男性(50代)は締めくくった。「妻を怒らせる気はなかったのに、自分は何を間違ったのでしょう」と先月の男性(30代)はうなだれた。

これ、男性のほうは、スペック確認をしたのである。「このスカートは新しいのか」を確認しただけだ。

なのに、女性のほうは、「こんなもの、俺に黙って、いつ買った？」と聞こえたのだ。つまり、買ったことを責められたと感じたのである。

実は、思春期以降の女性相手に、いきなり5W1H（いつ、どこで、だれが、なにを、なぜ、どのように）の質問をしてはいけない。娘でも同じだ。

女性脳の警戒スイッチ

女性の脳には、異性への警戒スイッチが搭載されている。異性からのアクション（ことばにせよ、行為にせよ）に、反射的に「これって、攻撃では!?」と疑う本能である。

これは、雄と雌で生殖リスクが大きく違う種（爬虫類、鳥類、哺乳類）の雌たちに搭載された機能なのだそう。

いずれも、生殖行為の後、卵を抱いたり、孵化した幼体の面倒を見たり、お腹の中で大きくして命がけで産み出したり、授乳したりと、雌の負荷が圧倒的に高い。このため、生殖機会を増やしたい雄と、条件を見極めて慎重に生殖行為に至る必要がある雌という組み合わせとなり、雌は雄を厳選するために、容易に近づけるわけにはいかない。というわけで、この警戒機能が搭載されているわけ。

女性に、いきなり５Ｗ１Ｈの質問を投げかけると、この警戒スイッチが作動してしまうのだ。

これって、攻撃なの⁉　私を責めてるのね――というわけで、「安かったからよ（怒）」という尖った声が返ってくるわけ。

スペック確認せずにはいられない男性脳

一方、男性たちは、スペック確認せずにはいられない。

こちらは、狩人や戦士の末裔である。自分の縄張りに何か見慣れないものがあったら、それが何か、いつからそこにあるのかをすばやく確認しないと、危なくてしょうがない。

だから、夫たちは、本当によく「これ何？」「どうして、ここに置いてあるの？」「どこに行くの？」「何時に帰る？」などなど、質問をしてくる。

素直に答えてあげればいいわけだけど、妻のほうは、警戒スイッチが作動するので、そういうわけにもいかず、両者は、苦々しい思いで対峙することになる。

リアルでも「いいね」ボタンを使おう

というわけで、先の新しいスカート問題について。

こういうときは、「いいね」と言えばいい。「それ、いいね」。

そうしたら、「でしょう？　今日、○○のバーゲンで、なんと、○○円で買ったの」と教えてくれる。「いいね」一つで、三つのスペックを一気に確認できるのである。

女性は共感してほしい、男性はスペック確認したい。その両方の願いをかなえる「いいね」。ＳＮＳで「いいね」ボタンを押すような気軽さで、リアル対話でも使ってみてほしい。

夫のことばを裏読みしない

妻たちは、夫のことばの裏読みを止《や》めよう。

夫たちの質問は、５Ｗ１Ｈ以外も、びっくりするほど、ただのスペック確認なのである。

「おかず、これだけ？」と言われてもムカつかなくていい。たいていは「このおかずで、ご飯、全部食べ切ればいいんだよね」という意味なので、「そうよ。足りなかったらふりかけもあるけど？」と言ってあげればいい。まぁ、たまさかクレームだとしても、同じ回答でよ

くない？

あるとき、明太子を冷蔵庫にしまい忘れていたら、夫が、その器を高々と上げて、「これって、冷蔵だよね？」と言ったことがあった。あれはたしかにとがめる口調だったけど、忙しかったので、明るく「そうよ。ありがとう」と応えたら、すごすごと片づけてたもの。

たとえ、夫に悪意があったとて、こちらが明るく受け止めたら、悪意ではなくなってしまう。マウンティングは、こちらが嫌な思いをしたときにだけ成立するのである。

たいていの悪意のない夫たちは、妻に逆上されて、びっくりして、なんて機嫌の悪い人なんだろうと怯えたりしている。裏読み、止めるしかないでしょう？

「今日、何してた？」が地雷

5W1Hは、問題解決型の対話の始め方でもある。

スペック確認のつもりじゃなくても、たとえば、「今日は、ちょっと妻と話をしようか」なんて思いついたとき、問題解決型の夫は、「今日、何してた？」なんて聞いてくる。

これって、妻には、「部屋も片づいてないし、料理も出来合いだし、一日何してたんだ？」と聞こえたりするので要注意だ。

もちろん、素直に「手芸屋さんに行ったら、知り合いにばったり会って〜」なんて話してくれる妻もいるので、困っていなかったら気にしなくて大丈夫。要は、スカートの質問の男性たちのように、こちらの無邪気な質問で妻が不機嫌になる不思議を抱えている方は、「いきなりの5W1H」を控えたほうがいい。

ところで、妻の皆さんも、子ども相手にいきなり「宿題やったの？」「学校どう？」なんて聞いてませんか？

これって、夫が「メシできたのか？」「今日何してた？」って聞いてくるのとまったく同じ構図。話が弾むわけがない。ムッとして、「ああ」とか「別に」とか「普通」とかが返ってくるのが関の山。小言のつもりなら意図通りだけど、子どもとコミュニケーションを取るつもりなら、まったくの逆効果である。

話の呼び水

相手に、威嚇だと感じさせずに、心通わせる会話を始めたかったら、「話の呼び水」を使う。

つまり、相手のことばを自噴させるために、こちらの話を少しするのである。「今日、東京駅行ったら、本屋がなくなっててさぁ。寂しいと思ったけど、俺だって、ここ何年も本屋で本買ってないもんなぁ」「お昼に麻婆豆腐食べようと思ったら、社食の限定20食、僕の前で終わったの」のように。

結論もオチもない、なんでもない話でいい。いや、なんでもない話ほどいい。

女性たちは、いっそうなんでもない話をする。「新しい口紅、買おうと思ったんだけど、時間がなくて行けなかった」「今朝、夢を見たのよ。なんの夢か、覚えてないけど」なんて、情報量ゼロである。

情報量ゼロの話をするのは、「あなたの声を聞きたいの」の意思表示なのだ。なんの情報もなくていい、ただ、あなたと話がしたいの。そういう意味。

だから、なんでもない話ができる男性は、うんとモテる。

多くの男性たちは、そんなからくりを知らないから、せっかく女性が差し出した「話の呼び水」に、何も言わずにスルーしたり、「で？」「はぁ？」なんて言っちゃったりするわけ。

情報量ゼロの話は、「そうなんだ」で受けて、可能ならば、こちらもなんでもない話を返すか、彼女のその日の何かを褒めればいい。無理なら、「そうなんだ」で止めても大丈夫。

女同士なら、「新しい口紅、買いに行こうと思ったのに、行けなかった」と言われたら、「あら、今の口紅、似合ってるよ」と言ってあげる。「でも秋だから、もっと深い色にしたいのよ」と返されたら、「ああ、ボルドーとか似合いそうね。あなた色白だから」なんて応じる。スイーツみたいに甘い会話。もちろん、夫に、こんなセリフは期待してないから、安心してね。

ことばは通じるけれど、話は通じない

「話が通じない」の正体――この世に二つの話法（共感型／問題解決型）があって、それがこんなにも相容れないこと、まったく違う言語をしゃべっているのに等しいことが、おわかりになったと思う。

そのうえ、夫婦は、生殖を挟んで脳が変化し、共感型と問題解決型が錯綜するので、いっそう残酷である。

ことばは通じるけれど、話が通じないという由々しき事態――これ、義務教育の国語か家庭科で教えるべきでは？　ぜひともこの本を、高校生の夏休みの課題図書の筆頭にあげてほしい。

若い人たちが、何も知らずに恋に落ちて、何も知らずに結婚して、何も知らずにことばを交わしていくなんて、私には、怖くてたまらない。

第3章　夫婦の対話道

さて、それでは、夫婦の対話術を、具体的に指南していこう。

夫婦の対話は、命の危険が迫っているとき以外は、「共感で受ける」を基本とする。

「あ〜、ほら、やっぱり、共感の強制なんだよな」とがっかりした夫の皆さま、どうか、本を捨てないで。

ここでは、共感のセオリーについて述べる。妻が共感してもらえないとなぜ鬱になるかと、夫が共感を強制されるとなぜ逃げたくなるかを。互いの苦しみを理解するために。そうして、互いから見たら、何が100点かを説明する。

でもね、妻の100％満足は、夫の痛みがなければ実現できないし、夫の100％安寧もまた、妻の痛みがないと実現できない。つまり、100点は、ありえないのである。互いに、少しずつ痛みを分かち合い、譲歩して、なんとか60点の夫になり、60点の妻になる。そんなふうに、この章を読んでもらえたら嬉しい。

既刊『妻のトリセツ』では、わかりやすくするために、「妻がああ言えば、夫はこう言え

ばいい」というふうに仕上げてあった。これだと、やるかやらないかになってしまい、100点を取れなかったら、投げ出すしかなかった。真面目な夫たちが、どんなに苦しい思いをしたか……今思えば、申し訳ない気持ち。

でも、この本を読んだ後なら、いい虎の巻になるので、あっちも捨てないでね。

共感は、夫ばかりじゃなく、妻にも心がけてほしい。先ほども言った通り、夫婦のライフサイクルの中で、妻にも、夫や子どもに対して、問題解決型に強くシフトすることがあるからだ。

この章は、夫にアドバイスすることが多くなるが、妻である人も、「私もそういう言い方、することとあるな」とちょっと思ってくれると助かります。

共感の基本形

共感の基本は、簡単だ。相手の話が、ポジティブ（嬉しい、前向き）だったら、「いいね」「よかったね」で受ける。相手の話が、ネガティブ（つらい、悲しい）だったら、相手の使った形容詞を反復してやる。

どちらにも使えるのが、「わかる」である。「いいね、それわかるよ」とか「つらいよね、わかる」と、ダブルにしてあげると、包み込むような優しさが生まれる。

ポジティブな話は「いいね」で受ける

夫である人も、妻である人も、家族の話がポジティブだったときは、「いいね」「よかったね」で受けると覚悟を決めよう。

たとえば、高校生の娘が、期末試験直前だというのに「カラオケ行ってきた。20曲歌ってやった。イェイ」と言ったとき。頭に浮かんだのが「あさってから試験だろう。勉強はいいのか」だったとしても、いきなりは言わない。「いいね、青春真っただ中だね」と受けてやる。

相手の楽しい気持ちを祝福してやれば、本人がおのずから「試験も頑張らないとね」って言ってくる（言わなくたって、きっと思ってる）。どうしても、一言言ってやりたかったら、「いいね」の後に、「勉強も頑張れよ」と激励のていで。いきなりガツンと言ってやっても、子どもなんて、絶対反省なんかしない（自分が子どもの立場だったときを思い返してみれば、わかるはず）。だとしたら、祝福と激励のほうが、合理的だと思わない？

一生帰りたい家

自分に起こった、なんでもないことを無邪気に話せる。そのことに、まずは、共感や祝福やねぎらいが返ってくることが確約されている。そうして、心を満たしてくれたうえで、有効なアドバイスもくれる。そんな家なら、一生、帰りたい。

なのに、「相手の言ったことを、相手の気持ちのままに受け止める」、そんな簡単なことが、なぜか多くの家族にできないのである。

もちろん、「正しく躾《しつ》けなきゃ」という親心なんだと思うけど、「ガツンと一言」が子どもの心に届かなきゃ、まったくもって意味がない。

子どもでさえそうなのに、躾けるのが目的でもない妻に、いきなり「それは、○○だろう」とか「きみも、こうするべきだった」なんて言う必要がある？

家族の誰かが嬉しそうに帰ってきて、何かを報告したら、それが社会良俗に反することでない限り、祝福してあげようよ。

歓びは半分に、苦々しい思いは倍に？

結婚式で、「二人でいれば、歓びは2倍に、悲しみは半分になる」というスピーチを聞いたことがないだろうか。

あれって本当？

たいていの夫婦は、「二人でいると、歓びは半分に、苦々しさは倍増する」になっているような気がする。

夫の要らぬ一言はアドバイスのつもり

たいていの夫は、妻が嬉しかったことを言うと、要らぬ一言を返してくる。「今日、○○ホテルのランチ食べたんだ」に対して、「そこより、□□ホテルのほうが評判がいいのに」「ダイエット中じゃなかったっけ？」のように。

なんの悪意も他意もなく、ただ口から出てしまっただけなんだろうけど、妻には皮肉か「ヒトの気持ちに冷水を浴びせる行為」にしか思えない。

こういう経験を何度かすると、妻は、楽しかったことをしゃべらなくなる。結果、夫への

笑顔が消えていくのである。夫婦の間が冷えていく、その理由は、案外、こんな「余計な一言」のせいだったりするわけ。

夫である人は、頭に浮かんだことばを言う前に、「いいね」「よかったね」と言う癖をつけておこう。「お、いいね。美味しかった?」と話を弾ませることのほうが、ダイエット中であることを思い出させるより、ずっとずっと夫婦仲にはいいんだから。

妻の側も、夫の余計な一言は、反射的に出てきたことばで(しかも「自らの遺伝子を残す生殖のパートナーによりよく生きてほしい」という哺乳類の本能から)、他意も悪意もないということは理解してあげてほしい。

まぁ、理解はしても、気持ちは沈み、ことばが少なくなるのは避けられないけどね。でも、理解さえすれば、せめて恨まなくて済む。

妻の皮肉は愛の証

妻も似たようなものである。というか、妻のほうが、始末が悪い。たいていの妻は、皮肉を返してくるから。「今日、商談がうまくいった」に「いいわよね。あなたには、子育ての

責任がないから、思う存分働けて」、「今日の会食のレストラン、美味しかったよ」に「私の手料理なんか飽きちゃうもんねぇ」とか。

なんでだろう。自分抜きでいい思いをしたパートナーに、一言言ってやりたくなるのは。

それも愛なんだと思う。外でいい思いをしてきたパートナーに、置いてきぼりを食ったような、日ごろの自分の営みをないがしろにされたような、そんな哀しみを覚えるのは、彼を頼りにしているから。こういう皮肉は、愛だから、止められない。

なので、ここは、夫の側が、配慮してもらえないかしら。

「今日、商談がうまくいった。いつも支えてくれるきみのおかげだよ」「今日の会食のレストラン、意外に美味しかった。今度、一緒に行こうね」のように、「置いてきぼりを食った妻」のために、優しい一言を足してもらいたい。

男たるもの、自分が「うまくいったこと」の報告は、妻に「ありがとう」を言うために、自分が「美味しかったこと」「楽しかったこと」の報告は、妻に「今度、きみと行きたい」を言うためにするものだと心得たほうがいい。

妻の側も、皮肉は、そうと気づいたら、呑み込んでしまおう。自分の喜びを、無邪気に喜んでくれる妻を、男はどれだけ愛しく思うかわからないのだから。

夫が余計な一言を、妻が皮肉を呑み込んで、共感・祝福・ねぎらいに替えたら、夫婦の会話がどんなにか優しくなるだろう。それでこそ、「喜びが倍」になるのである。結婚式のスピーチをする偉いおじさまも、「歓びが倍に、悲しみが半分になるのが夫婦。その良き伴侶を得られたお二人に乾杯」とかだけ言ってないで、ちゃんと、そうなれる方法も教えてあげてほしい。

ネガティブな話は、相手の形容詞を反復せよ

相手が、ネガティブな話を始めたら、基本は、相手の使った形容詞を反復する。

「つらいの」「それは、つらいよね」

「痛かったのよ」「そりゃ、痛いよな」

というように。

実はこれ、女性はほぼ全員、無意識にやっている。ところが、男性には、なかなかできないのだ。すべてに「たいへんだったね」を返す人も多い。「つらいのよ」「たいへんだね」、「痛かったわけ」「たいへんだったね」と、何にでも「たいへん」で返されると、どんなに親

身に言ってくれても、他人事な感じがする。

なぜだか、わかりますか？

「痛い」「つらい」は自分の中で起こること、「たいへん」は状況を指して言うことば。半ば傍《はた》から見た感想だからだ。

もちろん、相手が「たいへんだったのよ」と言ってきたら、「たいへんだったね」と受けていい。

にわかに共感できないときは、「ソ」を使う

ただし、そうは言っても共感してあげられないことだってある。

たとえば、子どもが「こんなに宿題出すなんて、先生、ひどいよ」と言ったとき、大人としては「ひどいよな」とは言いにくい。

妻の言い分に、にわかに共感できない事態だってあるだろう。妻がつらい思いを語っているけれど、男の目から見たら、何がつらいかよくわからないとき。たとえば、ＰＴＡのバザーの準備で「ああ言ったら、こう言われた」みたいな話。女心の機微は、男には皆目わからない。わからないのに、「そりゃ、イラつくよね」と言ってみたところで、ことばに真実味

がなくて、「あなたに何がわかるの⁉」と噛みつかれるのが関の山……なんていうとき。

こういうときは、「そうか」と聞いてあげればいい。「ソ」の語感は、言われた側の脳に「包み込むような優しさ」を、言った側の脳に「後腐れのない爽快感」を感じさせる。言われた側は、共感せずとも包み込まれたような気になり、言った側には、遺恨が残らない。

「そうか」「そうなんだ」「そういうことも、あるんだね」などなど、「ソ」で始まるうなずき語を用意しておくといい。

うちの息子は、私の話に、「そうか……世の中、そんなこともあるんだな」と、「ソ」をダブルにしてくれる。これ、本当に、ストレスが消えて、毎回成仏します（微笑）。

ねぎらいのダブル効果、トリプル効果

相手の言った形容詞で受けた後、共感できることなら（過去に同じつらい思い、痛い思いをしたことがあるなら）「わかる」をつけてみて。「そりゃ、つらいよね。わかるよ」のように。

相手を慰めたかったら、「大丈夫？」をつけるといい。「そりゃ、つらいよね。大丈夫？」である。

そして、形容詞に「わかる」と「大丈夫?」をつけて、トリプル効果を狙うのもよし。「そりゃ、つらいよね。わかるよ。大丈夫?」なら、胸にしみるだけじゃなく、愛に包まれた感じがする。女性ならば、愛する人にこのことばをもらえただけで、たいていのストレスは解消してしまうだろう。

そして、世間では、これがさらりと言える男が、めちゃモテているのである。男から見て、なぜモテるのかわからない男子がいたら、彼のことば遣いをよくよく観察してみるといい。

妻語を学ぶ

妻へ返すことばのトリセツを、こう並べていくと、まるで外国語を教えるような気分になってくる。たぶん、共感型話法は、多くの男性にとって、外国語と同じなのだろう。「妻語」と呼んでもいいのかも。

まとめよう。

■相手の話がポジティブならば、「いいね」「よかったね」で受ける

■相手の話がネガティブならば、相手の使った形容詞を返す
――にわかに共感できないときは、「そうか」「そうなんだ」「そういうこともあるんだね」などと、「ソ」で返す
――共感できるときは、「相手の使った形容詞」+「わかる」のダブルショットで（つらかったよね。わかるよ）
――相手を慰めたかったら、「相手の使った形容詞」+「大丈夫？」のダブルショットで（痛かったでしょう。大丈夫？）
――ついでに愛を伝えたかったら、「相手の使った形容詞」+「わかる」+「大丈夫？」のトリプルショットにしてみよう（つらかったでしょう。わかるよ。大丈夫？）
■相手が失敗したときは、共感や「大丈夫？」に加えて、「僕も○○してあげればよかった」でフィニッシュ

わが家では、17年前に、誰かが失敗したときの「なんでこうなるのかな」「だから言ったでしょ」を廃止した。コップを割ったり、買い物をし忘れたときも、息子も夫も「ハハは忙しくしてたもんね。やってあげればよかったね」とか「僕も気づけばよかった」とか言って

くれる。こういう家族は、絶対に捨てられない。

ネタバレでも大丈夫

ここまで読んでいて、「先生、そりゃないよ。妻にネタバレしてしまうと、僕がこれを言ったとき、妻は白々しいと思うに違いないもの」と思った夫の皆さま、大丈夫です。妻は、ここで習った構文を一生懸命使う夫に、きっと、温かい気持ちになるから。外国人の恋人が、こちらの国のことばで、一生懸命気持ちを伝えようとしているのに似ているからだ。

もとより、そこに愛はあるのである。表現の仕方が違っていたので、妻に通じていなかった。それを今、妻語に替えようとしているのである。多少、たどたどしくても、多少白々しくても、妻たちは、その努力に愛を感じて、きっと受け止めてくれるはず。まぁ、最初は、「ぷぷぷ」と吹き出すかもしれないが、それはそれ。今まで、どれだけ、妻語を話せてなかったんだって話だから、まぁ、ツケを払う気持ちで許してあげてね。

やがて、妻語を使い慣れてくると、自然になってきて、『夫婦のトリセツ』で習ったことだったのも忘れてしまうだろう。英語がペラペラになってしまうと、教科書を忘れるよう

に。私は、お二人が『夫婦のトリセツ』をすっかり忘れてしまう、そんな日が来るのを心から祈っている。

長い話を劇的に短くする魔法

共感型の話は、共感すれば、すみやかにゴールする。だから安心して共感しよう、と言ったが、実は、共感するきっかけもないまま、延々と長くなることがある。

共感型は、外堀を埋めてから、結論に至ろうとする。このため、外堀の話をしているうちに、それに夢中になって、つい、本題を忘れることもあるのだ。

ここでは、そんな「迷路」の抜け出し方をお話ししよう。

あるとき、30代の男性から、こんな嘆きを聞かされた。

——夕べ、残業をして11時過ぎに家に帰ったんです。やっと夕飯にありつきながら、最終のニュースを見ていたら、妻が隣に座って、「今日ね、保育園の保護者会だったの。年度のはじめだから、自己紹介の1分間スピーチをすることになって。○○ちゃんママはね……」と、保護者の皆さんのスピーチを片っ端から話してくれるんです。

そりゃ僕だって聞いてあげたいけど、知らない人の話だし、長時間残業の後だし、ニュースを見てるしで、あまりにもつらくてつい、「その話、あと何人分あるの？」と聞いてしまい、妻を怒らせてしまって……こんなにつらくても、僕たちは、妻の話を聞かなきゃいけないのでしょうか？

私は、あまりに気の毒で（夫も妻も）、あらまぁと口をあんぐり開けてしまった。男性は、こういうときの切り抜け方を知らないんだなぁと、少し驚きもした。

こういうときは、ほどよきところで、「きみは？」と言うのである。「きみは、なんて言ったの？」と。きみに好奇心がありすぎて、他の人の話はもう聞いていられない、という風情で。そうすれば、「え？　私？　私はね」と嬉しそうに本題に至る。

共感型は、本題に至ってしまうと外堀に戻る気持ちを失うので、たいていは、ここで決着する。パーティに行った話で、他人のドレスの説明を延々としてくれるオシャレ大好き女子も、自分のドレスの話をしたら、そこで、この話題に対する興味を失う。

わが家の息子は、およめちゃんが、彼が相づちの打ちようのない、友だちの話とかを始めると、およめちゃんの顔を優しく両手で挟んで、「あいちゃんにしか興味がないから、他の

人の話はせんで」と言って、話を終わらせている。

彼の場合は、本当におよめちゃん以外の女性をうまく認識できず、泊まりに来た友だちであっても、後から写真を見て「誰？」とか言ってる人なので、掛け値なしの本心なのだが、結果、見事におよめちゃんの話を短縮し、愛までゲットしている。

先の「1分間スピーチの彼」も、妻の頬を両手で挟んで、「他の人の話はしないで。きみにしか興味がないから」と言ってもよかったのかも（微笑）。

「きみは？」は、心のスポットライト

外堀の話（他人がどう、場所がどう、という説明）は、自分の話へのプロムナード、つまりレセプション会場に続く赤絨毯なのである。

女子たちは、小学生の頃から、なにかと女友達の「赤絨毯」に巻き込まれるので、抜け出し方を知っている。「あなたは？」「あなたは、何を食べたの？」「あなたは、何を着たの？」「あなたはどうしたの？」

逆に言えば、共感型は、「あなたは？」というスポットライトを当ててもらうために、外堀の話をするのである。無意識だけど。

そのスポットライトを当ててもらえずに、赤絨毯から追い出された女優を想像してみて。みじめで、がっかりなのはわかるでしょう？　そう、それこそが、「この話、なんの話？」とか「いつまで続くの？」とか「で？」とか言われたときの妻の気持ちである。

スポットライトさえ当てれば、後は、そう時間がかからない。ぜひ、覚えておいてほしい。

ネガティブな話は「何かあった？」で短くできる

ただし、ネガティブな状況説明、たとえば、「Aさんにああ言ったら、こう言われて、仕方ないから、こうしたんだけど、今度はBさんが」のような話は、赤絨毯じゃない。こちらは、言いたくない結論が待っているので、スポットライトを当ててもらっても困るのである。

こういう場合は、「何かあった？」と聞く。きみが心配すぎて、先を聞かずにはいられない。きみが傷ついたり困ったりしてない？　そんな風情で。

そうすれば、「実は、○○ができなかったの」のように、結論に至ってくれる。ここまでくれば、「そうか、たいへんだったね」と共感して着地できる。

ただし、ネガティブな話の場合は、脳が「ことのいきさつ（プロセス）を反芻すること」で解決策を探ろうとしているので、どんなに「何かあった？」と尋ねてもスルーされて、ことのいきさつを全部聞かされることがある。その場合は、いたしかたない、共感しながら話を聞いてあげよう。

ただし、共感してもらえると、「記憶の巻き戻し」が2倍速にも3倍速にもなるので、共感しないときに比べれば、説明も格段の早さで終わる。

何度も言うが、いきなりの問題解決（アドバイス）だけは、けっしてしてはいけない。

提案も「いいね」か「わかる」で受ける

提案を断るときも、いきなりNOと言ってはいけない。

これも、「いいね」か「わかる」で受けてからだ。

先日、わが家の在宅夫に、「お昼、カレーうどんにしようか。昨日のカレーが残ってるし、冷凍うどんあるし」と声をかけたら、「ん〜？　カレーうどん？　そんな気分じゃないなぁ」と思いっきり嫌そうな顔で言われた。ちなみに彼は、カレーうどんが嫌いな人じゃな

い。たいていは、乗ってくるのである。とはいえ、夕べはカレーお替わりしたしね、今日はもういいんだろう……そう思った私は、「そう？　じゃ、何にする？」と聞いてあげた。そうしたら、嫌そうな顔のまま、「ん～、なんでもいい。なんでもいいけど、カレーうどんだけはナシ」と言われて、さすがの私も、お昼を作る気分が失せた。

どうして、夫って、気持ちよく「いいね」って言わないんだろう。「いいね、カレーうどん。けど、今日は、もっとさっぱりしたものが食べたいな」と言ってくれれば、こちらも、いくつかアイデアを出せるのに。

いつだったか、ある秋の夜、京都の紅葉がテレビ画面いっぱいに映し出された。私は奈良で学生生活を過ごしたので、京都の紅葉を見たことがある。11月ともなれば、寒暖差の激しいこの都は、本当に鮮やかな赤や黄に彩られる。一度、あの雅な光景を夫にも見せてあげたいとふと思った私は、「ねぇ、今度の休みに京都に行かない？」と声をかけたのである。すると夫は、言下に「紅葉の季節に今から宿なんか取れるわけないだろう」と言ってのけた。まぁたしかに、夫の言ったことは、的を射ている。けれど、私は、ひどく悲しくなってしまった。

「いいね。一度、きみと一緒に見てみたいな」となぜ言えない？　その後に、「そうはいっ

ても、今から宿は取れないんじゃない？　来年、早くから計画して行こうね」とかなんとか言ってくれればいいじゃない。

あまりにもがっかりしたので、私は、その後二度と、夫を京都に誘っていない。はらいせに、翌年の秋、息子と二人で京都旅行をしたのだけど、夫は、それが仕返しだなんて気づきもせず、「生八つ橋、買ってきてね〜」と機嫌よく送り出してくれた（涙）。

男性たちは、「いいね」と言ったら、提案を受け入れなきゃならなくなる、と思い込んでいるのじゃないだろうか。「いいね」の後に「でも」とつなげて、別の意見を言うことなんて、想像もつかないかのように見える。

いやいや、提案は、断るときも「いいね」か「そうだね」で受ければいいのである。「いいね。でも」「そうだね。だけど」と逆接を使って、別提案をする。この「いいね」や「そうだね」は、相手の気持ちを受け止めることば。提案を受け入れるかどうかは、また別の話だ。

女の提案は「おもてなし」

そもそも、共感型と問題解決型では、「提案」に対するセンスが違う。

共感型の提案は、基本、「おもてなし」だ。「こんな楽しいことがある」「こんな美味しいものがある」「あなたを楽しませるアイデアがある」、そんな気持ちで口にする。特に、食に関しては、その傾向が強い。たとえ、自分の好みを主張するときだって、「自分がこれだけ嬉しいものだから、あなたのこともきっと喜ばせるに違いない」と信じて、これを言う。

だから、受け止める側も、感謝や祝福の気持ちでこれを受けるのである。そして、その提案に乗れないときは、「おもてなし返し」をする。つまり、別提案を添えるわけ。

「ねぇ、カルボナーラ、食べない？」「カルボナーラ？　いいわねぇ……でも、昨日もイタリアンだったな。そうだ、鴨せいろ蕎麦なんてどう？　美味しい店、見つけたの」というように。

女たちのおもてなし合戦

女たちは、おもてなし合戦を楽しむこともある。

ファミリーレストランで、女性数人でお茶を飲んでおしゃべりしていて、「ねぇ、スイーツでも食べない？」なんて展開になったとき。誰かが「チョコレートケーキ食べない？」と口火を切ったら、「あら、ここチーズケーキが美味しいのよ」「こないだロールケーキ食べた

ら、ふわっふわだったわ」「春はやっぱりいちごじゃない？」なんて、口々に言い合うのである。

隣で男性が聞いていたら、「このおばちゃんたち、人の話を聞かない集団だな」と、呆れるのではないかしら？　もちろん、そうじゃない。これは、おもてなし合戦、提案フェスティバルである。

これだけ言い合って、メニューを開けたとたんに目に入ったマンゴーパフェをみんなで食べたりするのだから、「提案はおもてなし」だと知らない男性たちには、かなりとっ散らかった集団に見えるのに違いない。

男の提案は「意思表明」

一方、問題解決型にとって、提案は、自分の意向の表明である。相手には、ＹＥＳ／ＮＯの明確な回答を期待している。

だから、断るときは、真正面から「ＮＯ」と返してくるわけ。しかも、相手の意向に逆らうわけだから、それが自分にとっていかに不快かを表明することが礼儀だと信じている節がある。このため、わが家の夫は、必ず、「思いっきり嫌そうな顔」を添えてくれるのだと思

う。たぶん、誠意で。
とはいえ、こちらは「おもてなし」のつもりでした提案なので、この「嫌そうなNO」に傷ついてしまうのである。「いいね」「そうだね」と、一瞬でもこちらの提案を味わってくれるか、おもてなし返しがくるのを期待しているから。

片や、問題解決型にしてみたら、提案には、真正面からYES／NOで答えるのが誠意だと信じているから、提案をはぐらかす（いいわねと言いながら、言うことを聞かない）とか、別の提案をぶつけてくることに、もやもやする。時には、傷つくこともあるかもしれない。こちらの話を聞いていない、のみならず、存在を軽んじられているように感じられるはずだから。

私は、若き日に、これで、男性の部下を一人メンタルダウンさせてしまった。彼は、カウンセラーに「上司に存在を無視されている」と訴えたという。私自身は、彼の才能に一目置いていたから、他の部下にするようにあっさりNOとは言えず、ことさら丁寧に受け止めていたつもりだったので、彼の言い分が承服できなかったけど、今思えば、彼の気持ちがよくわかる。

他の部下には、あっさりＮＯと言う代わりに、ちょっとでもいいところがあれば、よく褒めた。彼は、成果のアベレージが常に高く、できて当たり前だったので、褒めるきっかけがなかった。このため、彼は「自分だけ、言ったことをはぐらかされ、自分だけ褒めてもらえなかった」と感じていたという。

その日から私は、メンバーの褒めた回数をチェックするようになった。誰かが、無意識のうちに抜けてしまわないように。

デートの誘い文句にご注意

かくも、男と女の脳の中の出来事は、違っているのである。

「提案」という同じワードを使いながら、心はまったく別の展開を見せる。ことばは通じるけど、話は通じない。

というわけで、誘い文句にも気を付けたほうがいい。

デートに誘うとき、「何、食べたい？」「どこか行きたいところある？」という男性は、きっと多いと思う。なぜなら、問題解決型にとって、これが優しさだから。自分の意向の表明（提案）を引っ込めて、相手の意向を伺うのは、最高の譲歩でしょ？

ところが、これを言われた女性は、少なからずがっかりする。だって、おもてなし感ゼロだから。デートの誘いには、「きみに食べさせたいものがある」「きみに見せたいものがある」を期待しているからね。

とはいえ、「きみに食べさせたい」なんて大げさなセリフは言わなくても大丈夫。「○○、食べに行かない？」「○○、見に行かない？」、それだけで十分、その気持ちが伝わっている。なにせ、共感型の脳の中では、提案はおもてなし。勝手にそう置き換わるのだから。

こと食に関してノーアイデアでいるのは危ない

夫婦生活ン十年、もうデートもしないし、と高をくくっているあなた。それは違います。日々の食事のやりとりにだって、この法則は潜んでいるのである。

「今夜、ハンバーグにしようか」とか「湯豆腐はどう？」って言われたとき、「ハンバーグかぁ、う〜ん」とかやってない？　これは即座に「ハンバーグかぁ、いいね。でも、今日は魚が食べたいかも」などと返すべき。

実は、食のやりとりに関して、妻の愛情ポイントがマイナスされるシーンは、けっこう多いのである。

妻の提案に、「う～ん」とかぐずぐず言うくせに、自分の食べたいものを言わない。これは最悪。妻の「何か食べたいものある？」に「なんでもいい」もダメ。

つまり、男たるもの、食にノーアイデアでいるのは、危ないのである。

とはいえ、朝家を出て、夕飯まで外で働く男性たちは、この質問をされることが少ない。つまり、夫婦の長い歴史の中で、つい最近まで、妻が夫に料理の相談をする機会はかなり少なかったのである。

ところが、コロナ禍以降、在宅ワークも増えて、夫妻がお昼も一緒に食べる機会が増えた。夫の皆さんは、毎日「お昼、何？」とか、無邪気に聞いていない？　あるいは、呼ばれるまで何も言わないとか。

夫婦がうまくいっていればベースはそれでいいけど、たまには「今日はそうめんにする？お湯沸かそうか」とか「冷凍ピザ、焼こうか」とか「散歩がてら、弁当でも買ってこようか」とか、言ってもらえないだろうか。週に1～2回でもいい。

わが家の夫は、「蕎麦ゆでリーダー」なので（わが家は得意科目のリーダー制を導入している。そのタスクについては、その人が責任をもって遂行する。他の人はリーダーの指示に

従う。ちなみに夫は他に洗濯リーダーとゴミ出しリーダーも兼任している)、蕎麦が食べたいときだけは、自分から「蕎麦食べる?」と声をかけてくれる。あとは、水曜日に私が家にいると、近所の中華のランチに誘ってくれる。水曜は、彼の大好物、酸辣湯《サンラータン》の日なのだ。蕎麦に関しては月に1回くらい、中華ランチに関して言えば1シーズンに1回くらいの頻度なのだけど、朝も夜も食事はまったく他人任せの夫がそれを言ってくれるだけで、私は愛情ポイントを100点くらい加算している。

同居しているわが家の息子は、わが家のメインシェフなので、一日中、妻に「○○食べない?」「あいちゃんのために、○○作ったよ」と言っている。およめちゃんは、着々と愛情ポイントを加算している。

最近の韓流ドラマでも、イケメンはよく料理をして、ヒロインの気持ちをわしづかみにしている。

男たるもの、食に気を抜いてはいけない時代なのかもしれない。息子は、料理上手に育てておくのがおススメ。実力以上にモテる。ほんとです。

料理ができないのは一朝一夕にはどうにもならないが、せめて、妻の「何食べたい?」に

「きみのオムライス」と即答できるくらいの覚悟が欲しい。在宅夫は、11時過ぎたら、自分がお昼に何を食べたいかくらいは、自問自答でチェックしておこう。

朝ご飯の後すぐに、お昼ご飯の話をしてはいけない

とはいえ！

食に気を抜くな、とは言ったけど、「朝ご飯の後間もなく、お昼ご飯の話をする」のは、けっしてしてはいけない！

女性脳には、「ずーっと気になる」という癖があって、朝、昼のメニューを決めたら、それがずーっと気になって、なんなら3時間も料理していたかのように脳が疲弊してしまうのである。


共に働く夫婦や、定年夫婦がうまくやるコツに、「お昼を定番にする」という手がある。

黒川の義父母は職人の夫婦で、日がな二人で工房にいたが、お昼は麺と決めていて、「蕎麦か、うどんか」しか選択肢がなかった。いずれにしても盛り（つけ汁で食べる）である。それに、天ぷらがついたり、お煮しめがついたりする日もあったけど、それは、母がゆで麺を

買いに出たとき、近所の商店街のお惣菜屋さんで目についたものを買ってくるだけなので、その瞬間まで母でさえ知らない。これは、女性脳を食事の支度から解放するいい手だったと思う。

在宅夫婦のランチ問題

コロナ禍でいきなり在宅家族になったとき、妻たちのランチストレスは、本当に大きくて、よく話題になった。私は、笑い事じゃないな、と思っていた。男性や、主婦でない女性には想像もつかない「ずーっと気になる」ストレスが、妻たちの脳をむしばむのが、私には手に取るようにわかったから。

たとえコロナ禍がなかったとしても、5G通信網が開通した2020年には、この国では、リモート強化策が推進される予定だった。人類がコロナに打ち勝っても、リモートワークはさらに進んでいくだろう。ランチ問題は、夫婦の問題にとどまらず、地域戦略として考えていったほうがいいと思う。

というのも――わが家は、東京は下町、蔵前界隈にある。この界隈は、昔は、帽子、靴、バッグ、ベルトなどの問屋と工房が立ち並ぶ、家内制手工業の町だった。このため、お惣菜

を売る商店街が充実していて、お昼にちょっと歩いただけで、さまざまな出来立てのお惣菜を買えたのである。

私がお嫁に来た37年前には、お昼は商店街のお惣菜で済まし、その際に、魚屋にお皿を預けて、夕方、刺し身の盛り合わせや焼き立ての魚を取りに行ったりするような暮らしをしていた。今思い出しても、黒川の母と一緒に、繁盛している商店街を歩くのは楽しかった。それぞれの店の店主たちと仲良くなり、子どもが走って見えなくなっても、「あの角にいるよ、大丈夫」と教えてくれるような温かな時空。

私は、もう一度、こんな商店街が復活してもよいのに、と思う。リモートワーカーたちの住む町に。あるいは、リモートワーカーの住むマンションに、毎日、お弁当やお惣菜を買えるカフェが併設されていてもいいかも。

ランチ問題を、ことば一つで切り抜ける

在宅夫婦のランチ問題に社会が追い付いてくるのには、もう少し時間がかかるに違いない（とはいえ、そこに商機があるから、いつかはそうなってくるはず）。今は、その過渡期で、夫婦でなんとか乗り越えなければならないとき。

なのに、男性脳には「ランチ問題」が見えてさえいない。どうか、食周りの会話に気を付けて。次の三つを守れば大丈夫。

①妻の「○○にしようか」「○○でいい?」に嫌な顔をしたり、ぐずぐずしたりしないで、「いいね」や「そうだね」で受ける。受け入れないときは、その後に別提案をする。具体的な提案でなくても、「いいね、麻婆豆腐。けど、今日はもう少しさっぱりしたものがいいな」のように方向を示せればOK

②時には自分からアイデアを言おう

③昼食より1時間以上前に、「お昼、何?」「お昼、何にする?」とか聞いてはいけない

何も、夫たちにランチを作れなんて言ってない(してくれたら嬉しいけど)、せめて妻を追い詰めることばを言わないでほしい。そう願っているだけ。

共感型は、問題解決型からすると、なんともめんどくさい脳に見えるのに違いない。NOをNOと言って何が悪い、と。

でもね、この脳だからこそ、家事のようなとりとめのないマルチタスクをすらすらと片づけて、物言わぬ赤ん坊を無事育てていくのである。

それよりなにより、あなたのNOに傷つく人だからこそ、あなたの食べたいものを「ずーっと気にする」人だからこそ、いじらしくて愛しくて一緒になったのでしょう？　さばさばしていて、誰よりも強くて、あなたのNOに1ミリもめげず、明るく生きていける女性になんか惚れなかったでしょうに。惚れた責任をちゃんと取ってね（微笑）。

男はとっさに自分の思いがわからない

妻である人にも、一言だけ言っておきたい。

男性脳は、「自分の思い」を即座に顕在意識に上げられないのである。だから、即座に食べたいものも思いつかない。「何食べたい？」に、多少うろうろしても、温かく見守ってほしい。

女性脳は、生まれつき右脳と左脳の通信線が男性脳より多く、日常、右左脳が頻繁に連携している。右脳は感じる領域、左脳は顕在意識と直結している。つまり、「感じたことが、即、意識に上がる」のが女性脳の、生来の特徴なのである。

このため、周囲への観察力も圧倒的に高く、生半可な嘘は、鋭く見抜く。ある女性は、「油の匂いが違う」と言って、夫の嘘を見抜いた。「同僚とその辺の中華でご飯を食べてき

た」と言ったけど、彼についていた油の匂いは高級中華の匂いだった、あれは、大切な人としか行かない店の匂いだ、と彼女は言った。

女たちの「感じたことが、即、意識に上がる」機能は、自分の気持ちにも働く。自分の気持ちが即座に言える。

たとえば、恋人に「僕のどこが好き?」と聞かれたら、「その声と、つむじ」みたいに即答できる。だからこそ、それができない男性に、「あまりにも、心がない」と感じるわけだけど、それは濡れ衣なのだ。男性に「私のどこが好き?」と尋ねるのは、女性に「あなたの体重は?」と尋ねるのと一緒。ありえない質問で、どう答えたらいいかわからず、一瞬、絶句するしかない。

男たちが「私のどこが好き?」に即答できない理由

男たちが、自分の気持ちを即座に出力できない理由は、男性脳が、何万年にもわたって、過酷な現場にいたからである。狩りに出て、あるいは戦いに出て、危険な目に遭っているときには、自分の気持ちに触れて逡巡している暇はない。好むと好まざるとにかかわらず、その道を行かなければならない。時には、痛みも遮断して、成果をあげなければならないとき

もあっただろう。

そんな男性脳が、とっさに自分の気持ちを顕在化できないように、神経回路をなかば遮断していても、おかしくないのでは？

わが家の夫は、「私のどこが好き？」にまともに答えてくれたことはないけど、そのたびに私は、男性脳の何万年の過酷な暮らしを思っている。私は基本的に、男性脳を敬愛してやまないのだ。息子の脳も、そして、６ヵ月の孫息子の脳も。果敢にハイハイして、何でも飛びついて、がんがん振り回すその好奇心と冒険心に、心からのエールを送り、そして大人の男並みに敬愛している。たとえそれで、床が水浸しになり、携帯のガラスカバーが欠けたとしても。

そもそも日本語のＮＯはひどすぎる

話をぐるりと戻そう。

提案を否定するとき、「いいね」か「わかる」で受けてから、という話。

そもそも、日本語のＮＯは、ひどすぎる。

「そりゃ、ダメだよ」「無理に決まってる」「バカなこと言わないで」……そんな一人称主語（私は、僕は）のない否定文をパートナーに使っていないだろうか？

日本語は、日常会話の大半に、主語をつけない。英語の「I think（私は思う）」や「I wonder（私は案ずる）」に当たる部分がたいていは省略される。相手を否定するときも、いきなり「無理」「ダメ」を突きつける人は多い。

主語がないから、相手の脳の中では、暗黙の主語がつく。「世間」つまり「普通」である。相手には、「普通、ダメだよね」「みんな、無理だと思ってるよ」というふうに聞こえる。つまり、世間を笠に着て、上から目線で、全否定してくるように聞こえるのである。

このセリフを言った人が、1秒もこっちの気持ちになって親身に考えてくれてなんかいないのもわかってしまう。

理想の否定文

ビジネス英会話の例文を見ていると、相手の意向を否定する際の、言いぶりの丁寧さに気づかされる。

言語特性上、必ず主語をつけるし、よく「いいね」受けもする。「斬新なアイデアね。け

れど、私には実現可能性が低いように思えるの」「論理的でいいと思う。でも、少しクールすぎないかしら」のように。

相手の人格を尊重したまま、ことの是非だけを論じる。それが、主語を省略できない英会話の基本スタンスである。こと否定に関しては、英語表現のほうがずっと繊細で、だからこそ言いやすくもある。


英語のお国では、この否定文を、家族にも使う。

思い起こせば、四十数年前、1970年代半ばのこと。『大草原の小さな家』というアメリカのホームドラマが日本にやってきた。アメリカ開拓時代のある家族の愛しい日常を描いたドラマである。

当時、10代だった私は、このドラマの親子の会話に愕然とした。主人公ローラの両親が、頭ごなしに、子どもを叱らないのである。

シーズン1では、ローラは、10歳になるかならないかの少女だ。好奇心に溢れた勝気な彼女が、問題に巻き込まれたり、傷ついたり、時には誰かを傷つけたりして、物語は進んでいく。世界中の、あらゆる時代の親子と同様に、ローラの両親も、100%ローラの思い通り

にしてやることなんかできない。

そんなとき、ローラの両親は、共感で受けてから、親の気持ちや意見を伝えるのである。たとえば、「あなたのファイトは買うわ。でも、母さんは心配なの」「きみの気持ちはわかる。だけど、父さんには別のアイデアがあるんだ。聞いてくれないか」のように。

人生の敵になるか、味方になるか

この話法は、秀逸だ。

頭ごなしの主語なし否定と、「いいね」「わかる」受けからの、主語つき否定。どちらも、娘のしようとすることに反対しているにもかかわらず、親子関係は180度違ってしまうことに、お気づきだろうか。

娘の選択を、「ダメだろう。無理に決まってる」と阻止する親は、娘にとって目の上のたんこぶになってしまう。一方、娘の選択を、「気持ちはわかる」と受け止めたうえで、「もっと別のアイデアもある」と言ってくれる親は、人生の支援者に位置づけられる。

大切なひととの、人生の敵になるか支援者になるか。否定文のつくり方一つで、人間関係を180度変えてしまうのである。

夫である人も、妻である人も、家族の意見や提案を否定するときは、「いいね」か「わかる」で受けて、主語付きで自分の意見を述べるべき。そうすれば、否定するたびに、心の絆が強くなる。「真剣にこのことについて考えてくれている姿勢」が伝わるから。

相手の言うことを否定したから、夫婦仲が険悪になるわけじゃない。「こちらの気持ち（事情）を考えもせずに、頭ごなしに否定した」と感じさせるから、険悪になるのである。

共感は、かたちだけでもかまわない

ことばだけでいいのか――「妻の話には、とにかく共感すればいい」と諭すと、よく男性にはそう言われる。

そう、ことばだけで、けっこう。かたちだけでも共感してもらえれば、「反射神経的にストレスが解消できる」のが女性脳なのだ。本当に共感してくれているかどうかを問う前に、ストレスが減衰してしまうのである。

心に浮かんだことを、正直にことばにしようとするから、苦しいのだと思う。

妻が「つらい」と言ったとき、心の中で「いやいや、社会人なんだから、それくらい耐え

なきゃ。おれなんか、もっとやられてるよ」と思うことだってあるだろう。けど、それを口に出して、どうなる?

妻の脳が「つらい」と感じる以上、ここに「つらい思い」があることは事実なんだから、「そうか、つらいよな」と言ってあげようよ。共感型は、共感されると、自分で解決策を考えつく脳なんだから。

もしも「頭をなでると、餌を食べるペット」を飼っていたら、餌を出すたびに頭をなでてあげるでしょ? それくらいの無心さで、四の五の言わずに共感してくれればいいだけなんだけど(微笑)。


それにね、優しさは、案外、後からついてくる。最初は、かたちだけで共感したとしても、それで妻が笑顔になれば、「あ〜、共感してあげてよかったなぁ」と思うはず。それで十分。そんな経験を重ねていくうちに、共感が本物になっていく。

武道でも茶道でも華道でも書道でも、「道」のつく日本古来の嗜みは、すべてかたちから入る。基本の型を無心に繰り返し、身につければ、おのずから精神が宿るという考え方。なんだか、あれに似ている気がする。う〜ん、これはもう、夫婦道と呼ぶべきか。

家族をなじるのは止《や》めよう

たった今（私は新幹線でこの原稿を書いている）、私の前の座席に乗り込んできた若いお父さんが、グリーン車のフットレストにつまずいた子どもに、「なんで、下を見てないんだよ」と舌打ちをした。「お前は、なんで、そうなのかなぁ」とさらに追い打ちをかける。その不機嫌は、妻にも向かい、「なんで、そこに荷物置くんだよ」と声を尖らせた。三連休の始まりの日、東京駅8時30分発ののぞみである。家族旅行のスタートだろうに。

私は、ひどく悲しい気持ちになってしまった。子どもなんて、フットレストのある座席の経験が少ないんだから、しょうがなくない？　「大丈夫？　痛かったろう。気をつけてって、言ってやりゃよかったな」と言ったほうが、子どもの脳の学習効果も上がりそうな気がするけど。

ところかまわず、家族をなじる人がいる。夫にも妻にも、いると思う。

家族をなじるのは、やっぱりダメだと思う。

正直、私も、ときどき夫をなじっているので（「あなたって、どうしてそうなの？」「訳わ

かんない」「信じられない」とか)、ほんと、偉そうなことは言えないのだけど、特に自分より立場の弱いものをなじるのは、やっぱり卑怯だ。

子どもが痛い思いをしたら、「痛かったろう。かわいそうに」って言ってあげようよ。

ことばの棘は、必ず自分に返ってくる

子どもが痛い思いをしたとき、なじって育てると、この子も、そういう口の利き方をするようになる。なぜなら、脳は、学習したように機能するからだ。

なじる人は、家族をなじり、他人もなじる。なじる人は、何かの才能があっても、結局、一流と言われない。なじって育てると、子どもの人生の可能性を狭めてしまうのである。

そして、親であるあなたが、子どもの助けを必要としたとき、なじられながら生きることになる。ことばの棘は、必ず自分に返ってくる。

家族が、ぐずぐずしたとき、失敗したとき、期待通りの成果を出せなかったとき、尖ったことばが頭に浮かんだなら、いったん呑み込んで「大丈夫?」に替えてみませんか?

誰かがうっかりコップを割ったとき、「なにしてるの!」「あ~」「ぐずぐずすんな」と言う家族と、「大丈夫?」「けがはない?」「片づけてあげるから、座ってて」と言う家族がい

る。後者の家族は、心理的安全性が確保されている。子どもの想像力や自己肯定感をあげる家である。

女が男をなじるとき

私自身の言い訳も含めて言うけど、女が男をなじるのは、愛している証拠である。

夫の優しさを期待したのに、クールな一言を返されて、悲しみのあまり憤慨する。その憤りをぶつけて、夫の愛を確かめているのである。甘えているつもりなんだけど、ほら、女性も30歳を超えると迫力が出てくるから、本人は「子猫がじゃれた」つもりだけど、夫にとっては「猛獣が襲い掛かった」になりかねない。

というわけで、妻の側も、なじることばの迫力に気をつけて。女性は、たいてい、自分が自覚している10倍は、迫力がある。

妻語翻訳＆模範解答

夫の皆さま、次にあげる「なじることば」は、女性が、愛を確かめているときの決まり文句である。だから、怖がらないで、「欲しがっている答え」を言ってあげてほしい。

あ行　「あっち行って！」
翻訳　「めちゃくちゃ、傷ついてるんだよ。ちゃんとあやまって」
模範解答　「本当にごめん。許してくれるまで、ここにいる」
模範解答2　「何分くらい？」（「30分」と言われたら、きっちり30分後に戻るのが掟。これは、私がパーソナリティをつとめるラジオ番組「らじるラボ」のリスナーのご夫婦の名解答。「30分」と言うと、ちゃんと30分後に来てくれて、クールダウンした二人は仲直りできるそう）

か行　「勝手にすれば」
翻訳　「勝手にしたら許さない」（「好きにすれば」も同義。当然、好きにしていいわけがない）
模範解答　「そんなのやだよ。ちゃんと許してほしいんだ」

さ行　「自分でするからいい」

翻訳　「普通は、男子がやるよね。自分でするなんて、悲しすぎる」
模範解答　「そんなこと言わないで、僕にやらせてよ」

た行
翻訳　「どうしてそうなの？」
模範解答　「なんで、何度も同じことをするの!?　あやまって！」
「嫌な思いをさせてごめん」

な行
翻訳　「なんでもない」
「これって、ひどくない？　そのことに気づいてくれないあなたに、失望してる」
模範解答　「気が利かなくて、ごめん」

は行
翻訳　「一人にして」
「この状況で一人にしたら、絶対に許さない」
模範解答　「どこにも行かない。きみを一人にしたくない」

ま行

翻訳　「みんな私が悪いんだよね」

模範解答　「私の気持ちそっちのけで、ああすればよかった、こうするべきだったたって、あなたは、誰の味方なわけ？」

「悪いのは、きみじゃないよ。余計なこと言って、ごめん」

や行

翻訳　「やらなくていい」

模範解答　「そんなに嫌そうにするなら、もうやらなくていい。家事なんて、全部、私がやればいいと思ってるんだよね」

「もちろん、やるよ。段取りを考えてただけなんだ」

ら行

翻訳　「理屈じゃないの」

模範解答　「あなたの言うことはたしかに正論だけど、私は嫌なの」

「きみが嫌なら、もう言わないよ。きみのためなら、世界を敵に回してもいい」

わ行 「別れる」

翻訳 「言っちゃった。言っちゃった以上、退けないから、なんとかして」

模範解答 「別れない」

ぷぷぷっと、笑っちゃった貴方。そう、いっそ、ユーモアのつもりで言ってみたらどうだろう。それなら、言えるでしょう？ 言ってもらった妻も、あまりの非日常にぷぷぷと笑うと思うけど、それで機嫌が直ったらラッキーでは？

第4章　男性脳の秘密／男は「おしゃべり」で命を削っている

女性にとって、おしゃべりは愉楽。

けれど、男性にとって、おしゃべりはストレス。

これもまた、男女の脳の大きな違いの一つである。

女たちはおしゃべりで心を癒す

動物の脳は、自らの生存可能性を上げる事象を心地よいと感じるように作られている。美しい水が気持ちよく、汚れた水は気持ち悪い。そうでなければ、生き残っていけない。

女性脳が、おしゃべりに対して好感度が高いのは、おしゃべりで生存可能性を上げてきたからだ。

たとえば、「幼児が、いきなりつかまり立ちして、鍋の中に手を入れそうになって、ぞっとした」なんていうことが起こった翌日、母親は、それをママ友にしゃべらずにはいられない。心がゆれれば、ことばにする。それが共感型の基本だ。

「怖かったこと」を臨場感たっぷりにしゃべるのにはわけがある。感情と共に記憶を想起すれば、脳が再体験するので、脳が経験を重ねて、同じ失敗を繰り返さずに済むのである。

その話を聞いて、「うわ。怖いわね〜」と共感した側にも利がある。他人の体験を、脳が疑似体験するので、自分は、子どもを一切危険な目に遭わせていないにもかかわらず、今後お鍋を出すとき、無意識のうちに、子どもの立ち位置を確認することになる。

こうして、女性たちは何万年も、おしゃべりによって、子育ての能力を上げてきたのである。ほとんどの女性脳が、おしゃべりをすれば安堵するのはちっとも不思議なことじゃない。

男たちは沈黙で神経を休める

その一方で、男性たちは、沈黙で、生存可能性を上げてきた。

こちらは、何万年も狩人だったのである。森や荒野を行くとき、狩人たちは寡黙だ。風や水の音で、先の地形の展開を知り、獣の気配も聞き逃すわけにはいかないから。

神経を研ぎ澄まして、周囲のようすをつかんだとき（自分がどのような環境にいるのかを知り、その環境に危険が差し迫っていないことを確認したとき）、男たちは、生存可能性が高いことを知る。

以前、おしゃべりに使う脳神経信号の数が、男性脳は、女性脳の数十分の一しかないとい

う話を聞いたことがある。さもありなん、と私は思う。「目の前の人のおしゃべりに共感すること」ではなく、「周囲を察知すること」に、脳神経信号を振り分けていないと、狩人は、生きて帰れない。

男たちの沈黙は信頼の証である

かくして、女たちが「怖い目に遭えばしゃべらずにはいられない、つらい目に遭えばしゃべらずにはいられない、嬉しいことがあってもしゃべらずにはいられない」その一方で、男たちは「傷ついたら、ひとしきり黙って耐える」「嬉しい思いも、黙って嚙みしめる」のである。

その沈黙を、恋する女性たちは、「彼に阻害された」と感じて悲しがるが、それは違う。男性脳にとって、黙っていられることは、最高の安寧なのだもの。黙ってそばにいてくれる女性は最高の伴侶だし、そういう女性の前で、心ゆくまで黙っていられることこそが、愛と信頼なのである。

と思って、パートナーを振り返れば、なんだか、愛しくなりませんか？　ニュースを観ているだけで脳がいっぱいいっぱいになって、妻の言うことがまったく聞き取れないのも、感

謝もせず美味しいとも言わずに黙々とご飯を食べるのも。

男たちのモスキート音スイッチ

さて、沈黙で安全を確認し、ストレスを減衰する男性脳にとって、「べらべらしゃべる行為」は、非常に危険で、ストレスフルだということになる。

このため、目の前の人が、目的のわからない話を延々と展開すると、脳が危険信号を発して、なんと音声認識を停止してしまうのである。目の前の人の音声を、ことばとして認識せず、ただの音響として聞き流すわけ。音量も、脳が勝手に絞ってしまうらしい。このため、妻の話がモスキート音のように聞こえるという。

私たち女性も、目の前の人の話を聞いていないことがあるけど、一応、ことばとしては認識している。このため、「あなた、どう思う？」と聞かれたらわかるし、頭の中に残っているいくつかのキーワードをかき集めて、なんとか対応できることもある。しかし、男性たちには、それもできないわけだ。

「言った」「聞いてない」事件の真相

当然、モスキート音スイッチが入っているときに用件を言うと、男たちは聞き逃す。しかも、けっこういい感じで、相づちを打ちながら。

「来週の火曜日、保育園にお迎えに行ける？」「ああ」

「本当に？」「うん」

みたいなやりとりが、彼の耳には、

「ほえほえほえ、ほえほえほえほっほ〜？」「ああ」

「ほえほ？」「うん」

だったりするわけだから、翌月曜日の夕方、問題が勃発するわけだ。

「明日よろしくね」「なんのこと？」

「保育園のお迎えに決まってるでしょ」「いや、聞いてない」

「えーっ、あなた、2回も返事したじゃん」「……」

みたいにね。

男女間で起こる「言った」「聞いてない」事件の多くが、このモスキート音スイッチに起因する。ただし、男性の側からは、止めることができない。命に係わる、本能のスイッチだからね。話し相手をどんなに愛していても、どんなに大切に思っていても、入るときは入る。

というわけで、男たちのモスキート音スイッチを入れないようにする責任は、女性の側にある。

世間話や「ことのいきさつ」に用件を混ぜない

用件があるときは、結論から言う。結論を出すための会話なら、そのテーマから言う。「今日、こんなことがあってね」の世間話に、突発的に用件を挟まない。長い前置きもダメ。「あなたってさぁ、ほんと、前からそうだけど……そうそう、あのときだって……」という長い前置きの後で、「リビングにバスタオル、置きっぱなしにするの止《や》めてくれない？」と本題に入ったって、たいていは「ほえほえほえ」になっちゃってるんだから。

ミーティングタイムを持とう

できれば、明確にミーティングタイムを設けたほうがいい。男性脳の性質（定番を好む）から言えば、定番の時刻が望ましい。一日中一緒にいる夫婦なら、朝9時とか13時とか。そうでないなら夕飯直後とか。「今から、ミーティングします」と宣言して、連絡事項を述べ合う。

このとき、朝なら「今日のお互いの予定」、午後以降なら「明日のお互いの予定」を簡単に連絡し合うこともおススメ。

なぜなら、男性脳は「突発事象」がとてもストレスなので、妻が突然、外出の支度をし始めると、不安になって、「どこに行くんだ?」「いつ帰る?」と噛みつくように尋ねてしまうからだ。

聞かれたほうは、「主婦が、なにフラフラ出歩いてるんだ」と攻撃された気分になって、せっかくの楽しい気分に冷水を浴びせられた気分になる。で、時には、しなくてもいい喧嘩をすることになるし。

「明日は、お友だちと美術館ランチ。夕飯の支度に間に合うように帰るね」と前の日か朝の

ミーティングで言っておけば、ストッキングをはき始めても、夫は不安にならずに済む。

夫婦の時空を分ける

用件を告げるミーティングを設ける。逆に言えば、それ以外の時間、夫たちを、会話から解放してあげてほしいのだ。もちろん妻だって、「おい」と呼ばれて用事を言いつけられることから解放されるべき。

私は、日中も在宅の夫婦は、9時〜12時とか、明確に、互いにことばをかけない時間を作るべきだと思う。空間を分けるのは当たり前、時間も分けなければいけない。そうして、お互いのすべきことに、お互いのペースで専念できるように。

一緒にいるときも、男たち（夫や息子）に、沈黙時間をあげよう。「ぼうっと時間」を許してあげよう。

ニュースを観ながらぼうっとしているのも、実は空間認知力を鍛えているんだって知ってました？　客観性や戦略力にも関わる力だ。それを邪魔すると、仕事の成果があがらなくなる。

ニュースやドラマを観ながら、それとは関係ない世間話に付き合える女性脳とは、思考の構造が違うのである。けっして「私のことなんてどうだっていい」わけじゃない。「ついで聞き」ができない脳なので、夫に話を聞いてもらいたかったら、テレビやスマホから引き離して、集中してもらうしかない。

でもね、ストレス解消のおしゃべりは、女同士で済ませておくほうが、私はいいと思う。夫婦円満のため、いい女友達を持とう。

SNSを駆使しよう

わが家は、息子夫婦と同居しているので、LINEに、家族のトークルームを作っている。

「風呂掃除しといたよん」「コストコ行くけど、欲しいものない？」「今夜、何食べたい？」「明日、ご飯いらないよ」みたいな連絡事項が日々飛び交っている。「言った」「聞いてない」事件が起こらないので助かる。

「食洗機に包丁入れないで。危ないから」みたいなクレーム案件も、LINEにあげる。「僕じゃないよ」とか「え〜、めんどくさいな〜」なんていうセリフを聞かずに済むから、

すごくいい。

わが家には、7ヵ月になるベイビーもいるので、授乳レポート（時間、量）やうんちレポート（時間、量）を入れるだけのトークルームもある。大人4人が、次々に、ベイビーと遊んで抱いて添い寝していくので、「前のミルクは何時だった？」をいちいち声に出さずに確認できるのは、とても便利だ。おかげで、わが家のニューフェイスは、抱かれ放題、遊び放題の日々を過ごしている。

加えて、家族全員のスケジュールを入れる共通のグーグルカレンダーもある。誰かがベイビーを見てると思って、全員で予定を入れてしまったことが過去にあったので。

夫婦円満の秘訣は、なるべくしゃべらないこと

さらに、わが家のキッチンには、大量の付箋紙（正方形の大判のやつ）も用意されている。ちょっとしたメモ（LINEに入れるまでもない）をこれで貼りまくる。たとえば、食洗機に食器を半分だけ入れて、その場を離れるとき、「まだ」と書いた付箋紙を扉に貼る。そうしないと、洗い終わったものだと思って、べたべたのお皿をつかむ事件が勃発するから。

手の空いた人が、夜中の授乳用に、ミルク瓶に粉ミルクを入れ、「２００ml」と貼って置いておくとか、少なくなった調味料に気づいたら、それをメモして冷蔵庫に貼ったりとか。

こうなってくると、付箋紙の数だけの思いやりがあるってことになる。そこここに付箋紙が貼ってあるキッチンで、夜中にミルクを作っていると、なんだかとても幸せな気持ちになってくる。

夫婦二人きりなら、たぶん声をかけあっていたようなことすべてを、ＳＮＳと付箋紙にしてみてわかったのは、夫婦円満の秘訣は「なるべくしゃべらないこと」だってこと（微笑）。用件やクレームは、ＳＮＳごしにして、アナログの会話は、優しいことばだけにしたらいいんじゃないかなぁ。

第5章　女性脳の秘密／女の「そう言えば」が人類を救っている

ここまでに、女性脳には、共感型対話が不可欠と述べ続けてきた。

共感よりも「事実と客観性に基づく、正義の審判をくだす」ほうが急務と感じている男性脳にとって、「言いたいことがいろいろあるのに、我慢して共感する」のは、本当につらいだろうとお察しする。

けれども、「共感型対話は、気慰め、あるいは、ご機嫌取りに過ぎない」と考えているのだとしたら、それは大きな間違いなのだ。

妻の機嫌を取るために、夫の自分が犠牲になっている、と思うから、共感が耐えられないのではないだろうか。

共感が、子どもの命を守り、家事を倍速で片づけるパワーになっているとわかれば、少しはやってみてもいいと思えるのでは？

共感型対話の目的は、心を通わすだけじゃない。子どもの命を守るためにも、家事を要領よく片づけるのにも、うんと役に立っているのである。だから、家庭の中から、共感型対話をなくしてしまうと、家族が危ないのである。

第1章で述べた通り、女性には、「ことのいきさつを反芻する」回路を優先して使う人が圧倒的に多い。特に、子育てや、家事に従事しているときは、その傾向が強くなる。「ことのいきさつ」派は、感情のゆれに任せて、記憶の中に入っていく。そうして、トラブルの根本原因に触れたり、気づきを得るのである。キーワードは「そう言えば」だ。

妻たちの「そう言えば」で命が救われている

トラブルに遭遇したとき、妻たちは「そう言えば」を口にする。感情のゆれに任せて、ことのいきさつを語り出す。

結論を急いでいるときにそれをされると、「今できること」派は、無駄話が始まったかのような焦燥感を覚えるだろうが、とんでもない！

この能力を使って、女性たちは、「お母さんのこれ、そう言えば、お父さんが脳梗塞で倒れる前の言動に似てるわ。病院に行かなきゃ」などと勘を働かせて、家族を危機から救っているのである。

もう何年も前のことだが、黒川の父が、ある日、昼寝から目覚めなかった。息はしているのだが、呼んでも叩いても、いっこうに反応がない。走って30秒ほどのところに住んでいる私に連絡がきたので、駆け付けて救急車を呼んだ。

救急隊員が部屋に上がってきて、最初の質問が「奥さん、旦那さんは、いつからこの状態ですか？」だったのだが、母が、こう答えたのである。「お父さん、夕べ、カレーライスをお替わりしたんです」

「お母さん、お父さんがいつからこうなのか、聞いてるのよ」と、私が口を挟んでも、また「夕べね、お父さんが」と繰り返す。

すると救急隊員が私を制して、「こういうときは、話をしてもらったほうが早いんです」と言って、「それで？」と母を促した。母の話は、こう続いた。「お父さんは糖尿病だから、ジャガイモを4切れ以上食べたらダメなのに。私は、朝から、それが気になって、薬飲んだか何度も確かめたのに、飲まなかったのかしら」

すると救急隊員が、「逆に、奥さんに何度も言われて、倍飲んじゃったのでは？　薬の袋を確認できますか？」

救急隊員の指摘した通り、糖尿病の父は、血糖値を下げる薬を倍量飲んで、意識混濁状態

に陥ったのである（血糖は脳の神経信号の唯一のエネルギーなので、血糖値が低すぎると意識がなくなる）。

母の記憶のおかげで、すみやかに原因が判明して、父は搬送先がすぐに決まり、ブドウ糖液の点滴を受けて事なきを得た。

救急隊の方がおっしゃるには、「ご家族が、質問にまっすぐに答えず、記憶を語り出すのは、本当によくあることで、その中に、症状のヒントが見つかることも多い」のだそう。なんの手掛かりもなく、原因を絞り込んでいくより、はるかに効率的で早いのだという。

「そう言えば」を言い出す人がいないと、やっぱり命は守れない。

妻たちの「そう言えば」で家が回っている

私たち主婦は、「そう言えば」で家事も回す。

「そう言えば干しシイタケ……水につけとこう。帰ったら、すぐ、筑前煮を作れるから」

「そう言えば、ケチャップ……もう残り少なかったよね。安くなってるから買っていこう」

のように。

家事はとりとめのない、溢れる多重タスクで、計画的にこなすことなんて、到底できない。

たとえば、備品管理にしたってそう。水回りだけでも、数えあげたらきりがない。わが家で言うと、こんな感じ。食器洗剤2種、食洗機用洗剤、スポンジ3種、たわし、重曹、クエン酸、キッチン用漂白剤、アルコール除菌スプレイ、ハンドソープ（以上、台所）、歯ブラシ、歯磨き粉、ハンドソープ、洗顔ソープ、洗眼液、うがい薬（以上、洗面台）、ボディソープ2種、石鹼2種、あかすり3種、シャンプー2種、トリートメント2種、お風呂洗い洗剤、排水口洗い洗剤、カビ防止スプレイ（以上、お風呂回り）、洗濯洗剤3種（普通洗い、手洗い、ベイビー用）、漂白剤4種（液体、粉末、スプレイ、エリソデ用）、仕上げ剤。――ざっと40種類。これに、食材、調味料、衛生用品、化粧品、常備薬、仏壇の花にお線香、下駄箱の消臭剤……と数えあげていったら、１００はゆうに超える。

これを完璧に在庫管理して、家を出る前に残量チェックなんてしていたら、24時間じゃ、家事が終わらない。私たちは、掃除・洗濯・料理もし、子育てもして、会社に行く人は男性並みに働き、その合間に、小走りに買い物をする。

多少の買い物メモは作るとしても、それに加えて、「そう言えば……」とつぶやきなが

ら、思いついたものをさっさと買い物かごに入れていくセンスがなかったら、家事なんかこなせるわけがない。

家事とは「たまさかのミス」が想定内のシステム

なのに、夫ときたら、たまさか2個になってしまったケチャップの在庫を見つけて、「買い物行く前に、ちゃんとチェックしたらいいのに」とか言ってのけて、妻を激怒させるのである。

「ちゃんとチェックだぁ？　自分でやってみればいい。この家の備品を、欠かすことなく予算内で回す担当になってよ」って、話である。

家事の中で何が一番ストレスかって、私にはこの在庫管理なのだ。毎日毎日、子どもの弁当を作りながら、安定しない会社を経営し、講演も執筆も駆け出しで何をするにも時間がかかった15年ほど前、私はとうとう、音をあげて、わが家の男子たちに在庫管理の一部を委託したことがある。

トイレットペーパーを夫に、猫缶の管理を高校生の息子に。

そうしたら、トイレットペーパーが4ロールになっても、夫が動く気配がない。最後の2ロールになったとき、さすがの私も口を出さずにはいられなくなり、「トイレットペーパー、そろそろ買ってこないと」と言ったら、「最後の1巻きになったら行こうと思ってた」と涼しい顔で言うので、「1巻きなんて、誰かがお腹を壊したら一晩で使っちゃうよ。それに、地震とかで、一瞬、買えなくなったときのことも考えたら、2巻きじゃ心細すぎる。12ロール入りを買って、4ロールになったら次を買うくらいで回して」とお願いした。

「じゃあ、残り4ロールで買いに行けばいいね」と夫が言ったので、「待って。ことはそう簡単じゃない。残り6ロールでも、A社のトイレットペーパーが安くなってたら、買ってきて。そうじゃなかったら、4ロールまで待って、B社のを買う」

「安い、って、いくら?」と夫。「う〜ん。そのときの勘」と私。

「え〜っ、勘?」と夫。「あ〜大丈夫、ちゃんと、『本日安値』って書いてあるから」と私。

「わかった。A社のトイレットペーパーが、『本日安値』って書いてあったら、残り6ロールでも買うんだね」といったんまとめた後、夫が、「え〜っ　それじゃ、ずっと、トイレットペーパー気にして生きて行かなきゃならないじゃん。勘弁して」と声をあげた。

そうなのだ。私たち主婦は、途切れることなく、ずっとアンテナを張っているのである。

それが、「ことのいきさつ」の回路の役割だから。

「ことのいきさつ」派は、過去の一定期間の記憶をなぞるのが得意だが、こうして、未来への時間をなぞるようにして使うのも得意なのだ。

主婦たちは、トイレットペーパーのみならず、100を超える備品すべてに対して、そんな偉業をなしとげているのである。たまさか、ケチャップの在庫が重なるくらいは、想定内のミス。家事とは、それくらいのミスを見込んで、やっとコンプリートできる複雑なタスクなのだ。

そんな真実を知ったら、「買い物行く前にチェックしろよ」なんて、おこがましいこと、誰が言える？「ケチャップが2個？おやおや、今度の休みに、特大オムライス作ってあげるね」くらい、言ってあげたくなるはず。

在庫がダブったときに、そんなこと言ってくれる家族がいたら、本当に愛しい。うちは、一緒に料理している息子が、そんなふうに言ってくれる。「キャベツが2個？週末、もんじゃ焼き、やろうよ。今夜は、コールスローサラダも作ろう」なんてね。

妻の「そう言えば」がどれだけありがたいか、男性たちにもよくおわかりになったと思

う。

とはいえ、妻の「そう言えば」も、セーブしないと、家族を辟易させることがある。自分自身も苦しくて仕方なくなるので、気をつけて。

妻の「そう言えば」に疲弊する夫たち

男たちがよく嘆くのは、「今から出かけようという段になって、妻が、あれもこれもと言い出して、なかなか出発できない」という悩み。しかも、その〝あれもこれも〟には、たいてい、何も今でなくたってよくない？　ということも含まれている。

主婦の「そう言えば」エンジンは、たいてい出かける直前になって全開になるのである。タオル畳んじゃおうか、お米も研いどけば帰ってきて楽よね、牛乳あったっけ、あ〜朝顔に水やっとこう。そんなふうに。

タオルとお米は、帰ってからでもいいはずなのに、「思いついたら、やらずにはいられない」のが女心なのだ。なぜなら、「ことのいきさつ」派には、一度、気になったら、ずーっと気になる、という癖があるから。買い物や映画を観ている最中にも、「そう言えば、タオル、帰ったら畳まなきゃ」「そう言えば、お米、帰ったら、一番に研がなきゃ」のように、

何度もちらりと思い返すので、外出中、ずーっとストレスになるのである。

というのも、「ことのいきさつ」派は、意識が「ことのいきさつ（プロセス）」にフォーカスされているから。思いついてから、「タオルを畳む」「お米を研ぐ」というゴールに行きつくまでのすべてがプロセスなので、脳がずっと「気になる」をオフできないわけ。男性には、きっと一生わからないだろうなぁ、この苦しさ。

だからこそ、理解してくれたら、うんと嬉しいのである。

私が、あるとき、家から会食の会場に向かったとき、約束の時間に遅れて到着した私に、「女性は出がけにいろいろあるからね」と微笑んでくれた主催者の男性を、今でも忘れられない。たったそれだけのことだけど、女心わしづかみでした（微笑）。

一方で、妻である方に提案がある。「今しなくていいこと」は、思いついたときに、携帯のメモやカレンダーに書き込んで、すっかり忘れる癖をつけよう。

明日できることを、今日するな

主婦歴が長くなればなるほど、気づきの数が増えてくる。忘れる癖をつけないと、眠るこ

とさえ、ままならなくなる。それに、いつも何かを思いついては、一人でバタバタして、イラついて暮らすことになる。

思いついたことは携帯にメモして、後は忘れる。出がけにバタバタせず、イライラしない。エレガントで楽し気な妻（母）に見える。もしかすると、「家事がうまく回る」ことより、素敵な妻やお母さんが、暮らしや外出を楽しむ姿のほうが、家族の幸せになるのではないかしら。

「人生について大事なことは何か」をよく口にするイタリア人には、「明日できることを、今日するな」という格言さえある。

イタリア人が能天気だからじゃない。その逆だ。イタリアの主婦は、手のかかる料理を作り、台所をピカピカに磨き上げる。そのうえ、ひどい硬水（ミネラル成分が多い水）のこの国では、洗濯物を一気に乾かさないと硬くなってしまうため、ジーンズにもアイロンをかけるのだそうだ（イタリア女性に「家事で何が一番たいへんか」と尋ねると、たいていは「アイロンがけ」と答えるという。自家製ソースも手打ちパスタも作っているのに、料理じゃないのである）。

職業を尋ねられて「主婦」と答えるお国

そんなイタリアでは、職業を尋ねられたときの回答に、「Casalinga（カサリンガ、家事の専門職）」というワードがある。家事は専門職の一つなのだ。伊和辞書を引くと「主婦」と訳してあるが、日本語のそれとはニュアンスが違う。私のイタリア語の先生によると、Casalingaは家（Casa）をマネジメントする人のことで、専門職の色合いを帯びるのだそうだ。職業を尋ねられて、それを口にするのは、ごく当たり前の感覚なのだという。

これを教えてくれたイタリア語の先生は、50代の男性だが、「マンマたちの能力は半端ない。優れた職業の一つだ」と言い切った。

そんな「家事は専門職の一つ」と考えるイタリアーナたちに、「明日できることを、今日するな」という格言があるのは、なんとも感慨深い。私たち日本の主婦たちも、真似したほうがいいと思う。イタリアーナに負けず劣らず、日本の主婦たちの専門職度もうんと高いのだもの（私の友人たちを見ていると、ほんとそう思う）。

願わくば、イタリアのように、日本の主婦（主夫）たちの仕事に、ちゃんと専門職として

の名前がつくことを望んでやまない。昔は、「家政」という美しいことばがあったのに、強まるジェンダー意識の下、この国の大学からなぜか「家政学部」が消えつつある。

ジェンダー的には、逆効果じゃないのかなぁ。「家を制し、家事を取り仕切る能力」を表すワードを消してしまうことで、主婦の価値をなくしてしまったのではないだろうか。

脳の機能性から言えば、「家を制し、家事を取り仕切る能力」は、会社を経営する能力と、工場を管理する能力を足したくらいに匹敵する。よく、人工知能の専門家は、「人工知能にとって、最もハードルが高いのは主婦業だ」と言う。私もそう思う。

そもそも、「感情のゆれに任せて、記憶を辿りながら、根本原因に触れる」なんて、感情がゆれない人工知能にはできないことだしね。

女性脳は、プロセスをなぞりながら、日々の暮らしを回し続ける。ひとえに、愛する家族と、愛着のある家のために。主婦以外の家族に、その脳がフル回転していることに気づかれもせず。

——そう考えると、今日も黙々と掃除機をかける妻が、愛しくなりませんか？

あらためて、朝ご飯のすぐ後に「昼ご飯何？」と聞いてはいけない

さて、女性脳の「プロセスをなぞる」苦しさを納得していただいたところで、あらためて、前述した「朝ご飯の後間もなく、お昼ご飯の話をしてはいけない」の法則を思い出してほしい。女性脳は「ずーっと気になる」と表現したのが、このことである。

定年夫婦の妻にアンケートを取ると、「朝ご飯のすぐ後に、昼飯はなんだ？　と聞かれるのがストレス」と答える人が多い。

朝ご飯を食べて、片づけ物をしたかしないかのうちに「お昼は何？」なんて無邪気に聞く定年夫は、意外に多いのである。というのも、「今できること」派の男性脳は、成果や結果に意識を集中するゴール指向。このため、「ゴール」を設定しないと、脳が「今」に集中できないのだ。午前中することがないと、ゴールがお昼ご飯になっちゃうので、つい、「お昼は何？」と尋ねてしまう。「チャーハンにするね」と答えが返ってくれば、質問した本人は、そのことをいったん忘れて、安心して「今」に集中できる。

ところが、プロセス指向の妻のほうは、そんなわけにはいかない。お昼ご飯の15分前に「チャーハンにしよう」と思いつけば、チャーシューの切れ端とレタスで、ちゃっちゃと美

味しいチャーハンを作れるのに、3時間前にチャーハンと決めたら、ことあるごとに「あ、冷凍庫の小エビ、解凍しようかな」「炒り胡麻あったかな」「卵、冷蔵庫から出して、常温にしておこうか」などと思いつき、何度も台所に足を向けることに。

夫が早く質問しちゃったがゆえに、妻の「お昼ご飯作り」は、脳のストレスを何倍にもしちゃうのである。

もちろん、妻の側にも比較的時間の余裕があって料理好きならば、そうやって、あれこれ考えるのは楽しいのだろう。洗濯も掃除も夫がやって、妻はお昼のことだけ考えられるという夫婦なら、私も口を出す気はない。思いっきり「お昼は何⁉」と聞いていい。

まぁ、ただ、たいていの妻は午前中忙しいし、毎日の3食に全力を注ぐほどの料理好きは、そうはいない。

「昼ご飯何?」、そんななんでもない一言が、妻の脳を疲弊させていくなんて、知らなかったでしょう?

妻の脳の疲弊は、「この人と、もうこれ以上暮らせない」という結論にいきなり結びつくので、用心してね。

ちなみに、私の友人は、定年夫のために、現役時代と同じようにお弁当を作り続けている。長年のお弁当生活で、「夕ご飯のときの副産物と、卵や保存食をうまく使って、さっさと弁当を作る技」を身につけた主婦なら、もしかすると、お弁当を作っちゃうのも楽かもしれない。

妻のほうは、お昼を心配するストレスから、朝のうちに解放されちゃうし、夫のほうは「お弁当の包み」というゴールを見ながら、午前中のタスクに没頭できるから。どちらの脳にも幸福感をもたらすスゴ技と言える。

ただまぁ、私にはできないなぁ。一人息子の高校時代3年間のお弁当作りくらいでは、達人の域には到達しなかった。「お弁当？　日々のルーティンで、なんでもないから」なんて微笑む友人のようには到底なれない。

夫婦ランチの意外な「落とし穴」

ランチの時間になって、リビングに行って、「お昼、どうするの？」と聞く。または「お昼、何？」なんて言いながら、当たり前のようにテーブルに座る。平和な家族の風景ではあるけれど、まさか、３６５日、それ？　たまには、「〇〇にしない？」お湯沸かそうか（買

ってこようか)」みたいに言ってほしい⁇「夫婦の対話道」の章で、そんなふうにお願いしたのは、主体的にメニューを提案し、なんらかの動こうとする意志を見せてくれるだけで、妻は幸せになるからだ。

「ことのいきさつ」派の脳には、プロセスが大事。結果、自分が動くことになっても、夫から「○○にしようか」と提案があって始まるこのランチのプロセスは、「単なるタスク」から「夫婦のコミュニケーション」に変わる。

「お昼何?」と言われて、冷凍ピザを焼く。美味しそうに食べてくれる夫の姿は嬉しいけれど、この場合のランチ準備は「単なるタスク」である。

「冷凍ピザでも焼こうか」と言われて、「チーズ嵩《かさ》増ししようか」「いいねぇ」なんておしゃべりしながらピザを焼くランチ準備は「夫婦の優しい時間」になる。

夫が「他人」になる瞬間

わが家の夫は、本当によくしてくれる(定年後、家にいるようになって、洗濯リーダーになってくれたし、孫の面倒も本当によく見てくれる。掃除もするし、私の着物の着付けまでしてくれる。そのうえ、革細工の工房を開いて、バッグも作ってくれている)のだが、一つ

だけ、私をがっかりさせることがある。

それは、食事のとき、出来上がってからやってきて、ただテーブルに座ること。もう少し早くキッチンにやってきて、「美味しそうだね」と言ってくれたり、味見に付き合ってくれたり、お皿を運んでくれたりしたら、料理するのが楽しくなるのに、と、結婚以来何回も言ってきた。

そうできるタイミングで「ご飯できるよ」と呼ぶのだが、彼は必ず、テーブルセットが完了するまでやってこない。それを見込んで、早めに呼んでも、やっぱりやってこない。時には、おかずが冷め始めた頃にやってくるので、先に食べ始めることもある。そのたびに、「この人となんで一緒に暮らしているんだろう」と思う。

彼の生家は、職人の家で、働き手は、自分の仕事のキリがいいときにやってきて、さっと食べる。彼自身が現役のときは、なかなか家族の夕食時に帰ってこれなかったので、やっぱりマイペースで食べていた。その習慣が染み込んでいて、変われないんだと思う。他意がないのはわかってはいるのに、ときどき、この人と家族だという感覚が薄れてしまう。他人がやってきて（37年も一緒に暮らしてるのに）、目の前に座ったような感じがして、「なんで、この人と一緒にいるんだっけ？」とつい思ってしまうわけ。

考えてみれば、37年一緒に暮らしている妻が、テーブルの向こうで、「なんで、この〝他人〟と一緒にいるんだっけ？」と思うなんて、怖くない？　私だって、怖いよ。くわばら、くわばら。だから、夫には、早めに食卓に現れてほしい。

女はなぜ、蒸し返しの天才なのか

さて、妻の「そう言えば」に話を戻そう。

感情のゆれに任せて、「そう言えば、そう言えば」と、記憶の中へ根本原因に触れに行く。この回路は、当然「蒸し返し」の回路でもある。

夫が無神経な（と妻が感じる）言動をするたびに、過去の失態に話が及び、「あなたは、あのときもひどかった、あのときもあんまりだった」という話になってしまうわけ。

夫にしてみれば、何度もあやまったことを蒸し返されるのだから、たまらない。あやまってもあやまっても、何度も繰り返される怒りに、絶望感さえ抱くことも。

妻たちには、想像してみてほしい。すでにあやまったことを蒸し返されるのは、「コツコツとやってきた夏休みの宿題が、8月後半のある日、白紙に戻ってしまう」くらいのショッ

クなのである。けっこう、ショックでしょ？

蒸し返された瞬間は、あやまるしかない

夫である人には、本当に気の毒だけど、蒸し返されたときは、素直にあやまってあげてほしい。そして、何度も繰り返されるようなら、とても悲しい顔をして、「この話、何度あやまれば、許してもらえるんだろう」と途方に暮れてみよう。このセリフで、妻の蒸し返しが止まったという実例がある（勇気が出る話でしょ？）。

私の父は、母が私を産んだばかりのときに、母への気遣いが足りなかったこと（12月半ばに帝王切開で出産した妻に自分の母親がお正月の手伝いをさせているのを止めさせもせず、飲んだくれたのである。そのために母は産褥《さんじょく》熱で倒れたという）を、ことあるごとに責められていた。父は心から反省していたし、何度だって、しおたれてあやまっていたが、私にそっと「そりゃ、俺だって悪かったと思ってる。だから、あやまるわけだけれど、100回も200回もあやまらせるのは卑怯じゃないか」とつぶやいたことがある。

私は、「心から気の毒だと思うけれど、それはあやまる必要がある。お母さんは、100

回思い出せば、100回生々しく傷ついてるのだもの。脳には、感情と共に記憶を想起すると、その体験を瑞々しく再体験する癖があるから」と言ってあげた。「この繰り返しを、どう止めたらいいんだ？」と父は途方に暮れていたっけ。

蒸し返しを止《や》めて、アンチエイジングしよう

妻の皆さまには、蒸し返しについて、「テキトーに止めておこうよ」というアドバイスを差しあげたい。蒸し返しは、ネガティブな事象を認知する回路を強めてしまうからだ。そうなると、世の中のネガティブな事象ばかりが目に飛び込んできて、なんとなく落ち込むことが増えてしまう。

人は、暗い気持ちになると、眉をひそめて、目の周りにしわが寄る。口角が下がって、唇の周りにしわが寄る。それが頻繁に繰り返されれば、そういう顔になっていく。つまり、そう、ネガティブな人は、早く老け込んじゃうわけ。

私自身は、40代の頃、ネガティブな蒸し返しの「そう言えば」は1回まで、と決めていた。夫や上司が何か無神経なことを言ったとき、「そう言えば、あのときも」とつい思ってしまうのは仕方ないとして、それを重ねないこと。そう決めていたのである。60歳を過ぎた

今では、蒸し返しが格段に減った。たぶん記憶を引き出す能力が落ちたせいじゃないかなぁ。私自身は、粘着性が減った今の自分の脳が、けっこう気に入っている。生きるのが、ほんっと楽だもの。

蒸し返しを止める方法

さて、母から蒸し返し攻撃を受け続けていた私の父だが、31年目、父は、この蒸し返しから解放された。

きっかけは、私のお産である。早朝、破水して入院し、さっそく夫に連絡したにもかかわらず、彼が到着したのはお昼ごろ。2時間あれば来られる場所にいたにもかかわらずだ。聞けば、なんと二度寝したのだという。連絡した私の母が「初産だから時間がかかる。慌てなくていい」と言ったからだと言うが、それでも心配して駆け付けてくるのが、夫というものでは!?（怒）……あ、いやいや、今は、私の父の話。

夫が現れないので、とうとう最後まで、父が私の腰をさすり続けることになった。そして、陣痛が来るたびに私が苦しむのを見て、父が深く溜め息をつきながら「お産って、こんなにたいへんなんだなぁ。あのとき、お前に、もっと優しくしてやればよかった」と言ったた

のである。母は、ほろりと涙をこぼして、二度と、あの蒸し返しをしなくなった。

思うに、蒸し返された瞬間にあやまっても、それは、利子を払っているに過ぎないのではないだろうか。幸せなとき、なんでもないときに、自発的に心から悔やんであやまったとき、元本は消えるのだろう。

もしも、蒸し返しを止めたかったら、なんでもないときに「お前にかわいそうなことをした。本当に申し訳ない」と言うしかないと思う。ただし、この件については、嘘は通じない。心から申し訳ないと思ったときに、躊躇《ちゅうちょ》なくことばにしてね。

第6章　夫の知らない家事の世界

男女は、世界の見え方、ものの見え方が違う。

女性脳は、自分（または愛する者）を中心にした、半径3メートルの円内を、しらみつぶしに見る。針の先ほどの変化も、微かな気配さえも見逃さない。

男性は、自分と目標との距離感を的確につかみ、見えている空間全体をすばやく把握しようとする。ざっくりと全体を見て、見慣れないもの・奇異なもの・危険なもの・数字をまずはチェックアップするのである。

「近くを、綿密にしらみつぶしに見る（正確には「感知する」のほうが正しい。聴覚、嗅覚、空気が肌に触れる触感なども総動員しているので）」女性脳と、「遠くまでをざっくりと見る」男性脳。当然、半径3メートル以内の空間において、見えているものの数が違う。家庭内において、妻が見えている100に対し、夫はおそらく20も見えていないはず。

このことが、妻が夫に「気が利かない」ひいては「ひどい人」と感じる所以なのである。

名もなき家事が、家事の大半を占めている

妻である人は、夫のみならず、家族が主婦である自分を軽んじていると感じることがない

だろうか。

自分が日々行っているさまざまなこと。歯を磨くたびに洗面台をちょっときれいにしたり、トイレに立つついでに汚れたコップを片づけたり、家族が脱ぎ捨てたシャツを片づけたり、通りすがりに玄関の消臭剤の残り具合を確かめて、脳内の買い物リストに加えたり――実は、こういう名もなき家事（掃除・洗濯・料理・ゴミ捨てのように名前のついていない雑事）が、家事の大半を占めているのである。

ベテランの主婦ともなれば、ちょっと動けば、数個の「名もなき家事」タスクを片づけている。ところが家族ときたら、そんな主婦の努力なんか、まるでこの世にないかのように振る舞う。平気で鏡を汚し、靴下を脱ぎ捨て、ビールのコップを置きっぱなしにする。あの泡の跡、翌朝洗うのがどんなにたいへんかわかってないの！――と叫びたくなるだろうが、そう、まさにわかっていないのである。翌朝のこびりついた泡どころか、飲み終わった目の前のコップさえも見えていないのだもの。

だから、平気で主婦の努力を無にするし、感謝することなんかも思いつかない。こと家事においては、「気づいたもの負け」みたいな理不尽な状態が、まかり通っているのだ。

「気づく夫」と「ずぼら妻」

私は、文章を読みやすくするために、「あらゆることに気づいて、家族の理不尽に耐えている」のを妻（主婦）と定義したけれど、実は、夫がその立場に立たされているケースも、けっこうたくさんあるのを知っている。家事全般じゃないけれど、こだわりのある部分にだけ、そんな目に遭っているという夫もいる。

わが家も、夫が洗濯リーダーなので、こと洗濯に関しては、夫が泣いている。「雨の日にマットレスカバー出さないでほしい」とか、「手伝ってくれるのはいいけど、こんな干し方じゃ、乾かないのに」とか。

とはいえ、「妻と一部の夫」という主語じゃ、文章が読みにくいので、「妻」で進めて行く。とはいえ、世の中には、「気づく夫」が「ずぼら妻」に泣いているケースがあるのも忘れてはいない。その場合は、妻を夫に差し替えて、読んでおいてくださいね。

なお、この先、読み進めて行くと、「男が細かいことに気づかないのは、目標に集中する

ため。すなわち、狩りの能力が高いため」と述べているが、だからといって、細かいことに気づく男性が、狩りの能力が低いわけじゃない。

男性脳型で、細かいことに気づく人は、「目標を細分化できる」才能の持ち主である場合が多い。大目標もちゃんと見据えているが、そこに達するまでの小目標を設定できるのである。理系の能力の高い人に多い。なので、厳密に言えば、女性の気づきと、男性の気づきは、性質が違っているわけ。

とはいえ、気づく者にとって、家事の負担が不当に増える事実は一緒。才能ある男子たちに、心から同情する。

妻の脳には未来が見える

主婦には100見えるものが、家族には20しか見えていない。

目の前にビールを飲み終わったコップが置いてあるのに気づかず（自分で置いたのに）、（何度も片づけてねって言っているのに）のほほんと寝室に向かう夫に対し、妻の脳には、「明日の朝、こびりついて取れなくなった泡の跡が残る臭いコップ」までが瞬時に見えるのである。

そう「ことのいきさつ」派の妻には、未来のプロセスまで、ありありと見えているわけ。そりゃ、ショックを受けて、腹を立てても仕方なくない？

風呂上がりの主婦に「見える」もの

夫や息子だけじゃない。この際だから言うけど、娘だって、腹に据えかねることがあるよね。母娘の場合は、経験値の差だ。

主婦歴20年以上ともなれば、もう、さまざまなものが見えるわけ。私たちは、風呂上がりに、水道栓や鏡の水滴をタオルで拭い、排水口の髪の毛を捨て、必要ならばシャンプーや石鹸を補充する。

というのも、水道栓の水滴が目に入り、これを一日置くと、白いうろこ状の汚れになってこびりつくのが「見える」からだ。切れたシャンプーをそのままにしておくと、次に使うときにがっかりする家族（あるいは自分）の姿が「見える」からだ。

そんなふうに、ベテラン主婦がこまごま動く傍らで、風呂から上がった20代の娘は、パックして、マッサージして、ドライヤーをかけることに夢中で、自分が落とした髪の毛一本拾おうとしない。彼女が投げた洗濯物は裏返しで、しかもかごから半分はみ出ている。

手伝ってくれとは言わないが、せめて「ありがとう」の一つくらい言ってくれてもいいじゃないか、と思うのが人情では。

けれど、娘には、それができない。

なぜならば、見えていないから。水道栓の水滴と「明日の白いうろこ」が見えていたら、それを拭う母にも気づき、感謝のことばが口を突いて出るだろう。けれど、残念ながら、水滴なんかに気づいていないのである。

ベテラン主婦は、家族の何倍も見えている。だから、家族は「わかってくれない」「感謝してくれない」と嘆きつつ、生きることになる（１９８０年代には、こういう主婦たちを「くれない族」と呼んだ）。

娘は、同じ女性だから、言えば自分と同じようにできるような気がして、ついうるさく言ってしまいがちだが、大目に見てあげたら？

いつか彼女たちも、ベテランの主婦になって、「明日の白いうろこ」が見えるようになる。湯上がりに、こまねずみのように動かずにはいられなくなる。これは、避けられない女の道なのである。

だったら、いっそ、無邪気に自分のことだけを考えていられる時間を娘にあげない？「今のうちに自分を楽しんでね」と心の中でウィンクしながら。

夫の脳は狩りをしている

さて、やがて同じ道を行く娘と違い、夫のほうは、基本（よほど意識してそうしない限り）、目の前のものは見えない。

というのも、男性脳は、「目標を決めたら、それ以外は見えないようにする」本能があって、「トイレ」「風呂」「寝室」に照準を定めたら、目の前にあるものに霧がかかったように見えなくなるからだ。

狩人の本能である。

男性脳は、何万年も狩りをしながら進化してきたので、狩り仕様に出来上がっているようなのだ。狩りの現場では、ターゲットを定めたら、それだけに意識を集中する必要がある。足元のバラやイチゴに気を取られていては、仕留めることなんかできないからね。

妻の脳は子育てをし木の実をつんでいる

一方、女性脳は、子育てや植物・貝などの採取をしながら進化してきた。こちらは、目の前を綿密に見る必要がある。

また、住居と採取場所を往復する道でも、周囲をしらみつぶしに感知していく必要がある。草むらから、獣やヘビが襲ってくるかもしれないし、子どもが石につまずくかもしれないし、あるいは、道すがらに「ボーナス」があるかもしれない。森に木の実を採りに行って、行く道の傍らにキイチゴを見つけたら一石二鳥。女たちのターゲットは動かないので、瞬時に距離感をつかむ必要もないから、これが可能なのである。

男女の脳が優先側を違えた理由

ここまでに、思考スタイルに2種類あると説明してきた。成果に意識を集中するゴール指向の「今できること」派と、プロセスを反芻する「ことのいきさつ」派と。

そして、この章の冒頭で説明したように、ものの見え方にも2種類。「近くを綿密」派と、「目標に照準を絞って、遠くまでざっくり」派だ。

ゴール指向・「今できること」・問題解決は、狩りの現場で必要なセンス。プロセス指向・「ことのいきさつ」・共感は、子育てと採取の現場で必要なセンス。男女の脳は、男女それぞ

れの生殖と生存に有利なように、優先側を絞ってきたのである。

男女の脳は違わないけど、違う

――男女の脳は、違うのか、違わないのか。

この命題に、私はよく巻き込まれる。

この国の医学生理学畑の脳科学者は違わないと言う。解剖学的には同じものだからだ。たしかに、フルスペックの機能比較で言えば、男女の脳は違わない。男性にしかない機能、女性にしかない機能なんてない。男女とも、意図的には、なんでもできる脳の持ち主なのだ。

しかし、とっさに神経信号を流す場所は違う。とっさの脳の使い方が違えば、違う言動をする。この二つの脳を、同じだと言い切ってしまっては（しかも愛があれば、きっとわかり合えるはず、なんて「ふんわりしたイメージ」でくくられたら）、夫婦に平和な日は来ない。

夫婦は、生殖というミッションのために、あえて、違う選択をし合うペアなのである。そして、違う選択をする二人だからこそ、大切なものを守り抜くことができる、素敵なチームなのだ。そこから始めなければ、真の夫婦論は語れないでしょう。

ということで、男女の脳は、スタティック（静的）には違わないが、ダイナミック（動的）

には違う。それが私の答え。

夫も妻も、見えないものにざっくり感謝しよう

生殖という神聖なミッションのために、潔く「見えるもの」を分け合ってきた男と女。互いのしていることが見えないから、互いを敬愛し合うには、「見えないものを信じて、ざっくり敬う」しかないのである。

家の中では、コップも片づけず、シャツを脱ぎっぱなしにし、ニュースや携帯に夢中で話を聞いてくれない夫だけれど、それは狩りの本能のせい。戦略力と集中力の証だ。そうとわかれば、家庭内能力の低さで、夫を見くびったり、イラついたりせずに、おおらかに見守ってあげよう。

周囲を細大漏らさず綿密に感知して、過去も未来も「そう言えば」となぞりながら、家族の誰よりもタスクを片づけている妻。妻のタスクの総体を、主婦以外の誰も理解できない以上、ざっくりと「お母さんは一番たいへん」と感謝してしまうしかあるまい。

家族は、「おはよう」「行ってきます」「ただいま」「おやすみ」のすべてに「ありがとう」をつけてもいいくらいだ。

私は、主婦歴7年目に子どもを産んで、黒川の両親と同居した。主婦業のたいへんさを痛感していたので、母には、「おはよう、お母さん、ありがとうね」「お母さん、ありがとうね、行ってきます」と、すべての挨拶に「ありがとう」をつけていた。だって、朝起きたら味噌汁ができていて、子どもを抱いて見送ってくれて、帰ってきたらご飯ができていて、洗濯物が仕上がっているのである。まるで救世主、菩薩様のようだったから。

世の中の男性たちが、同じことをしてくれる妻に、なんで「ありがとう」を言わないのか理解ができない、と言いたいところだけど、実は理解ができる。主婦業のたいへんさを知らないものね。なんなら、一日、家で好きなように過ごしていると思っているのでしょう?

「ゴミ捨て」の全工程

たとえば、ゴミ捨てというタスクに、どれだけ工程があるかご存じだろうか。

①　ゴミ種別を理解して、それぞれの回収曜日を頭に叩き込む

わが家では、燃やすゴミ、燃やさないゴミ（ただし電池やバッテリーは外して別枠で

捨てる）、資源ゴミ《缶、瓶、段ボール、新聞紙・雑誌、ペットボトル（ただしキャップは外して別枠で捨てる）、発泡スチロール》に分ける必要がある

② ゴミ種別ごとの容器を用意する
わが家では4つの容器を全部で7エリアに区切って使っている。それらの容器をどこに置くか、そのためには、どんなデザインの、どのようなサイズのものにするか、どんなふうに区切るかを考案して購入する

③ それぞれのゴミ箱にかける指定の袋を用意して、万が一にも在庫が切れないよう管理する

④ 回収日の朝には、ゴミ袋を容器から出す

⑤ 尖っているゴミがないか、穴が開いて汚れていないか、触って確認する

⑥ ルール違反のゴミが入っていないか、不快なゴミが外から見えないか、確認する

⑦ ゴミ袋の口を閉める

⑧ ゴミ袋の口の周りを、台拭きで拭き、乾いたティッシュで拭う（出社時に捨ててくれる夫の手が汚れないように万全を期す）

⑨ 容器を拭き、新しい袋をかける

⑩ ゴミ袋を回収場所に持っていく

妻たちの誠実、夫たちの誠実

ゴミ捨ての工程については、『妻のトリセツ』にも書いた。それを読んだある70代の男性から、こんなことばをもらった。

――先日の日曜日の午後、2階の自室で、畳に寝そべって本を読んでいたら、1階で妻が掃除機をかけている音が聞こえた。部屋の隅々まで、丁寧に掃除機をかけている気配が伝わってくる。そのときふと、『妻のトリセツ』のゴミ捨ての工程を思い出した。あの工程を丁寧にこなしながら、妻は毎日、こんなふうに掃除機もかけてきたのか、つごう40年も……そう思ったら、妻が愛しくてたまらなくなった。

私は、このことばに涙が溢れた。

そう、私が、何万文字も書いて伝えたかったのは、これなのだ。見えなかったことが見えてくる瞬間。妻たちの誠実。そして、夫たちの誠実。

夫婦の悲劇

妻は、夫が思っているより何十倍も、家と家族のために心を尽くしている。そのためには、家族の共感が不可欠なのだ。

夫は、妻が思っているより何十倍も、家と家族を守ろうとしている。そのためには、集中が不可欠なのだ（共感している暇がない）。

誰もがもっと感謝されて、誰もがもっと愛されるべきなのに、ヒトは、悲しいことに、欲しいものを与えてくれないことだけが気に障る。

なぜならば、夫婦は、「違う能力」を持ち寄る関係だからだ。そして、脳は、「自分が使っていない能力」は感知できない装置なのだ。

この本は、かけがえのないパートナーの「見えなかった誠実」を見せてくれる「真実の鏡」になると信じている。

家事分担はリーダー制がおススメ

わが家は、結婚38年目に入ろうとしている。夫は定年退職して、今や、家事と育児の担い

手になりつつある。洗濯リーダーに任命してまるごと任せたら、「洗濯って、こんなにも工夫できるのね」と感心するほどの出来。竿に干す順番を想定して、洗濯機に入れる順番を決めるとか、私には思いもよらない発想である。孫の寝かしつけもお上手。けっこうな戦力だ。

家事はリーダー制にするのがおススメだ。得意分野で担当を分けて、責任者になってもらうのである。リーダーは、自分の好きなように、そのタスクを遂行できる。そして、他の家族に指示して、タスク分散する権利もある。

洗濯リーダーになった夫は、洗剤から、ハンガー、洗濯ばさみに至るまで、自分の好みのものに替えた。私と手足の使い方のタイプが違うので、いちいち使いにくかったらしい。家族に、「雨の日に大物は出さないで」「夕方、取り込んでおいて」などの指示をする権利を有している。私は、一日1回は自分で洗濯機を回すが、そのときも夫にお伺いを立てる。「洗濯機回していい?」と。夫からは、「干し場の算段があるから、後にして」とかの指示が返ってくる。

「係」にすると、一人で黙って遂行しなきゃいけない人になってしまう。家族に手伝ってもらうときも、「あなたが洗濯係でしょ」と思われがち。「リーダー」は責任がある代わりに、

周りの敬意を受けられる。ちなみに、わが家の料理リーダーは息子。子育てリーダーはおよめちゃん。私は家事のゼネラルリーダーである。すべてのリーダーの手助けをして回る役。

夫はそのほか、「蕎麦ゆでリーダー」「ゴミ出しリーダー」の役も担ってくれている。私もゴミを出すが、出したら「ゴミ出ししたよ。安心してね」とＬＩＮＥで報告している。夫がリーダーだからね。すると「お疲れさま」とねぎらってくれて、こちらも気持ちいい。

みんなが、責任の所在はすべて主婦にあると思い込んでいて、不平を言いながら手伝う（ほんとは主婦がやることなのにと思いながら）という体制は、主婦の負担が大きすぎる。夫が定年退職したら、リーダー制、いいですよ。

ただし、リーダーに任命したら、そのやり方が整うまでは、口を出しすぎずに見守る覚悟がいる。わが家の惚れ惚れする洗濯リーダーだって、最初はいくつか失敗しているもの。「あー、これ、私もやっちゃったことある。気づいてあげればよかったね」と声をかけたりして、小言なんか絶対に言わないことが大事。次世代リーダーを育てる大事なプロジェクトと心得て。

正義の味方⁉

そんなわけで、家事育児のパートナーとして、けっこうツーカーの仲になってくれている夫。「優しいことばをかけてくれ」云々《うんぬん》はあまり思わなくなった。私たちが、生殖期間を過ぎて、本能の呪縛が淡くなっているのも一因だと思うけど。

とはいえ、先日、ちょっとした小競り合いがあった。

私と息子が観点の違いを話し合っていて、少しヒートアップしたとき、夫が、口を挟んできたのである。「ママはさぁ、こないだもそうだったよね。パパにだってさぁ……」とかなんとか、息子の話に乗じて、自分の不満を表明してみせたのだ。「それは別の話！」と私にキレられ、息子にまで、「混乱するから、黙ってて」と言われる始末（苦笑）。

その晩、湯船に浸《つ》かって気持ちよさそうに鼻歌を歌っている夫に少し腹が立って、私はお風呂の扉を開けた。

「あなたは、ああいうとき、私の味方になるべきでしょ。私とチームなんだから。あの話し合いは、どちらにも言い分があったわけだし。もしも、完全に私に非があったとしても、あなたは『ママにもう少し優しい口を利いてやってくれ』とかなんとか、かばってくれてもい

いじゃない？　私の夫でしょ。あなたは誰の味方なの？」

すると夫が、「俺は、正義の味方だよ！」と胸を張った。

はぁ、正義の味方だぁ⁉

私は、吹き出してしまった。ほんっと齢《よわい》63にもなって、なにを少年のようなことを言っているのかしらん。正義は一つじゃない。誰もが自分が正義だと信じて、世の中の紛争は起こっているのに。けど、この人のこういうところに惚れたような気もする（はるか昔のことで、記憶が定かではないが）。

家の主人公を決めよう

私の父は、「この家は、母さんが幸せになる家だ」、と、きっぱりと言ってのけた。母のわがままな言動も、父は、「この家の中ではそれでいい」と言い切った。

最後まで「男と女」だった二人の間では、それなりの激しい喧嘩もあったけど、私たち子どもが母のことを非難したりすることを父は許さなかった。「もっと優しい口を利いてやってくれ」と。

たぶん、家というのは、誰かを主人公にして回したほうがうまく回る。わが家は、およめ

ちゃんが来た日に、「およめちゃんが幸せになる家」になった。

家の本質から言えば、その家で一番長い時間を過ごし、その家で子を育て、その家を愛してゆく人が、主人公になるべきだろう。

不公平だと感じるかもしれないが、多くの場合、家の主人公は、妻である。

妻の機嫌がよければ、家事がすいすい回って、子どももすくすく育つ。結果、夫にも居心地のいい家になる。

そして、この人が主人公と覚悟を決めれば、案外、爽やかに妻のえこひいきができる。

というのも、男性脳は、そもそも自分の我を通すために、妻といがみ合うわけじゃないからだ。男性脳は、正義だと思って、意志を通すのである。つまり、妻に譲歩するには、正義を曲げないといけないわけ。それが苦しいのである。先日の夫の「正義の味方」発言で、私は、そのことを痛感した。

妻が幸せになる家。世間から見れば、間違っていることでも、この家では許す。そう覚悟を決めてしまえば、妻に優しくするのも、容易《たやす》くなる。子どもたちには「世間ではこれはダメだけど、この家ではママの好きにしていいことにする」と説明しておけば大丈夫。

生殖のリスクが平等でない以上（雌に圧倒的に大きな負担がある）、家での立場は平等ではない。他の動物たちだって、雌のために、雄が巣を整えているでしょう？　雄が巣をきれいに飾り立てて、ダンスを踊ってくれる鳥だっている。

ここは、妻が幸せになる家。

そう覚悟を決めてしまえば、正義も曲げられる。世界中でここだけ、愛する女のために時空を曲げる。それも、ちょっと粋なことじゃありませんか？

おわりに　～夫婦のバイブル

夫婦で読める、食卓やベッドサイドの必需品。
そんな、昭和の『家庭の医学』みたいな、バイブルみたいな本が書けないかな。
――と、ある日、思いついた。

というのも、あるご夫婦が、食卓の脇の本棚に『妻のトリセツ』『夫のトリセツ』が置いてあって、互いの物言いにイラッとしたとき、「妻トリ、○○ページ！」「夫トリのここ。僕の気持ち、わかってほしい」みたいに言い合って、二人でそのページを読んで仲直りする、と教えてくれたからだ。
なんて、幸せな本たちなんだろう。温かなリビングで愛される、その2冊のことを思って、私は幸せで胸がいっぱいになった。

だけど、同時に、ちょっと気になった。

この使い方をするには、ちょっと棘がある2冊なのだもの。

『妻のトリセツ』は、妻がことあるごとに機嫌をそこねてイラつき、家に居場所のない夫たちのために書いたものだ。しかも、どうせ、心を入れ替えるつもりのない夫たちのために、「とにかくこうしとけば、なんとかなるから」と、なだめるように書いたものである。

『夫のトリセツ』は、使えない夫に嫌気がさして離婚もちらつく妻たちのために書いた、夫への誤解を解く本である。

どちらも、「理不尽なイラつき妻（夫から見たらね）」と「使えないくせに、文句付けることだけは一人前の夫（妻から見たらね）」が前提なのである。

比較的、仲のいい夫婦が、もっとお互いを理解しようとして読むには、棘、ありすぎでしょう。

そして、先日は、妻トリの教えにしたがって3年という熟年世代の男性が、こんなふうに申告してくれた。――最近、妻に効かなくなりまして。で、妻に、「『妻のトリセツ』の通り

にしてるんだけど、おかしいな……」と言ったら、「年式が古いのよ」と鼻であしらわれました。

私も進化してるんだからね。小手先じゃもう通用しないわよ、ということなんだろう。これは、私もおおいに反省すべき点である。たしかに妻トリのテクニックは、わかりやすくて使いやすいけど、その分、50代以上の練れた大人の妻たちには、物足りないだろう。そして、若い世代にもぴんと来ないらしい。リベラルな平成生まれの夫婦たちには、「男の沽券」も「妻の遠慮」もなく、二人でなんでも相談し合う。妻に隠れて妻トリを読むなんてセンス、この世代にはないかも。

というわけで、ここに『夫婦のトリセツ　決定版』を書き上げてみた。

仲のいいときに読んで、互いの脳の使い方を理解しておき、雲行きが怪しくなったら、「このページを読んで」と差し出して、相手の理解を促せる。

そんなバイブルのような一冊。

読んでみて、いかがでしたか？

「いや、イホコさん、これは使えないよ」「こんな知見も入れてほしかった」みたいなことがあったら、ぜひご連絡ください（黒川伊保子公式ホームページからメールできます）。『夫婦のトリセツ』は時代に合わせて、ずっとバージョンアップしていきたいから。私が生きている限り。私がこの世に残せる最大の恩恵だと信じているから。

夫にも妻にも悪気は一切ない。愛と誠意で相対しているのに、疑心暗鬼に陥って、絶望していく。脳のそんな錯覚に、世界中の夫婦に気づいてもらえたら。それが私の夢なのである。

2022年の私が、男女脳研究35年の総力を結集して書いたこの一冊。とりあえず、しばらくは至上の一冊です。どうか、一家に一冊、置いておいてくださいね。

そうそう、最後に。

この一冊を書いてみたら、やっぱり、どうしても「妻に知られずに、夫だけに教えたい話」や「夫に知られずに、妻だけに教えたい話」が残ってしまった。いずれも既刊『妻のトリセツ』『夫のトリセツ』に入っているので、本書を夫婦仲良くお読みいただいたのち、そ

れぞれに、そっと隠れてお読みくださいませ。

2022年、台風一過の朝に

黒川伊保子

黒川伊保子

1959年、長野県生まれ。人工知能研究者、脳科学コメンテイター、感性アナリスト、随筆家。奈良女子大学理学部物理学科卒業。コンピューターメーカーでAI（人工知能）開発に携わり、脳とことばの研究を始める。1991年に全国の原子力発電所で稼働した、〝世界初〟と言われた日本語対話型コンピュータを開発。また、AI分析の手法を用いて、世界初の語感分析法である「サブリミナル・インプレッション導出法」を開発し、マーケティングの世界に新境地を開拓した感性分析の第一人者。著書に『妻のトリセツ』『夫のトリセツ』（ともに講談社＋α新書）、『人間のトリセツ——人工知能への手紙』（ちくま新書）、『「話が通じない」の正体——共感障害という謎』（新潮文庫）など多数。

講談社＋α《プラスアルファ》新書 800-3 A

夫婦《ふうふ》のトリセツ　決定版《けっていばん》

黒川伊保子《くろかわいほこ》

2022年12月12日第1刷発行

発行者——鈴木章一

発行所——株式会社 講談社

東京都文京区音羽2-12-21 〒112-8001

電話 編集(03)5395-3522

販売(03)5395-4415

業務(03)5395-3615

デザイン——鈴木成一デザイン室

カバー印刷——共同印刷株式会社

印刷——株式会社新藤慶昌堂

製本——株式会社国宝社

KODANSHA

定価はカバーに表示してあります。

落丁本・乱丁本は購入書店名を明記のうえ、小社業務あてにお送りください。

送料は小社負担にてお取り替えします。

なお、この本の内容についてのお問い合わせは第一事業局企画部「＋α新書」あてにお願いいたします。

Printed in Japan

ISBN978-4-06-530647-5

黒川伊保子

夫婦のトリセツ　決定版

JN052503

講談社＋α新書
プラスアルファ